AF368978

LES SOIRÉES

D'UN

SOLITAIRE.

LES SOIRÉES

D'UN

SOLITAIRE,

OU

CONSIDÉRATIONS *sur les principes constitutifs des États.*

PAR J. E. CHAPPUYZI.

Est-ce ma faute, à moi, si les choses sont ce qu'elles sont, et s'il est une marche à observer pour ne pas en contrarier la nature, bien plus impérieuse que les fantaisies de l'homme !

Essai sur les gouvernemens, page....

Prix : 3 liv.

A PARIS,

Au Bureau-général des Nouveautés, rue Gît-le-Cœur, n°. 16.

1797 (an V.)

PRÉFACE.

C'est dans un lieu retiré, dans le silence de la nuit, que j'ai composé les articles principaux de cet ouvrage intitulé : *les Soirées d'un Solitaire.*

Les fragmens précédés et suivis de guillemets, que je reproduis sous des corrections majeures, à l'article *Pensées diverses,* ont fait éclore cette production à tiroir.

En automne de l'année 1790, je rassemblai la plupart de ces fragmens pour les livrer à l'impression ; mais porté à l'encouragement par l'opinion qu'un homme de lettres s'en étoit formée, je renonçai à ce projet, pour exposer avec quelque étendue diverses considérations politiques sur lesquelles mon attention étoit fixée depuis long-temps. Comme j'ai toujours été convaincu que la philosophie a ses préjugés, et que les préjugés ont aussi leur philosophie ; que la philosophie des idées est aussi funeste à l'ordre social

que celle de l'ame est souverainement salutaire à l'homme civilisé , il ne pouvoit y avoir
de la témérité dans cette détermination, que
sur la foiblesse de mes moyens pour exprimer convenablement des raisons dont je sen-
tois la force et l'importance.

Ce travail, entrepris et suivi avec une
chaleur soutenue, fut achevé au mois de
février 1791 : sans l'un de ces évènemens mémorables, qui ont retenti chez tous les peuples, il n'auroit pas alors tardé à paroître.

Les circonstances devenant chaque jour en
France plus difficiles, pour l'impression de
tout ce qui n'étoit pas dans le sens absolu
de la révolution, j'écrivis à l'étranger pour
m'ouvrir une voie de ce côté-là : cette ten-
tative est demeurée sans effet.

Forcé d'attendre une époque plus favo-
vorable à l'exécution de mes vues, j'ai eu
le temps de réfléchir sur mon manuscrit ; de
le revoir, pour l'augmenter ou le réduire si
je le trouvois convenable ; et ayant très à

cœur de justifier ce que j'en avois dit à la suite des mémoires d'un homme illustre (1), je l'ai mis plus d'une fois sur le métier avec une patience que rien n'a pu mettre à bout.

De ce nouveau travail, j'ai obtenu de ces avantages que je recherchois avec tant d'application; et les réflexions venant d'ailleurs en abondance, il en a résulté tous ces articles que j'ai consignés sous leur date respective, sans m'arrêter cependant à leur ordre chronologique, lorsqu'il s'est agi de les placer dans *les Soirées d'un Solitaire*: cet ouvrage étant comme l'une de ces galeries de tableaux, où l'on peut à volonté les placer et les déplacer, j'ai pu, sans inconvénient, en distribuer plusieurs sujets autrement que je ne l'avois fait d'abord.

------

(1) *Mémoires de R. G. de Capellen de Marsch*, *publiés en* 1792. — Par une lettre du 23 septembre 1791, que j'adressai aux auteurs du journal de Paris, j'avois déja eu l'occasion de dire quelque chose de mon ouvrage.

Nombre de fois, j'ai été sur le point d'en jeter toutes les feuilles au feu : de tristes souvenirs, des spectacles plus tristes encore, tout me poussoit à cette acte de tranquillité et de sûreté pour ma personne. Mais soit que je tinsse au produit de mes longues veilles ; soit que le jour passé me rendît confiant sur le jour à venir, j'ai continué durant les nuits à poursuivre la tâche pénible que je m'étois imposée.

Cependant, appelé à un autre genre d'occupation, je perdis de vue pendant quelques mois cet ouvrage, qui n'a pas laissé d'affoiblir ma santé et d'épuiser mes forces ; et peut-être aurois-je fini par l'abandonner à jamais, si le philosophe Mercier, avec lequel j'ai souvent eu des entretiens politiques, ne m'avoit entraîné à y revenir avec une nouvelle ardeur.

A l'époque où la commission des XI s'occupoit de la constitution française, il m'invita à lui en communiquer quelques articles : *la déclaration des droits de l'homme exa-*

minée et combattue, la déclaration des droits reconnus par les XIII États-Unis de l'Amérique, la démocratie cloîtrée et la démocratie dans toute sa pureté, furent ceux que je lui remis de préférence aux autres. La lecture lui en fut agréable : il me le témoigna en termes très-positifs ; il me dit qu'il en avoit fait part au comité dont il étoit membre ; et que le jugement que ses collègues en avoient porté, étoit conforme au sien propre. Dès-lors, il n'a cessé de me presser avec autant de chaleur que d'honnêteté à produire du moins une partie de mes travaux : voulant répondre de mon mieux à des sollicitations si flatteuses, j'ai consacré encore six mois entiers à revoir et à retoucher ce que j'en offre au public.

Étranger à tout esprit de parti, je pourrai déplaire à ceux qui en sont diversement dominés : les uns, par de ridicules comparaisons, affirment que l'égalité parmi les hommes est une chimère dans l'état même de nature ; les autres, d'après de fausses

idées philosophiques, soutiennent au contraire que cette égalité doit être reconnue
dans l'état social : c'est à démontrer qu'ils
sont tous dans l'erreur, que je me suis particulièrement attaché dans cet ouvrage d'ailleurs si varié. Quant à ces démagogues, qui
ne forment un parti que pour le sacrifier
ensuite, je n'ai pu en parler qu'avec un sentiment profond d'indignation.

Sans élever la voix contre les droits de
l'homme, dont je connois assez l'étendue pour
ne pas sentir combien leur évidence seroit
dangereuse à un gouvernement quelconque,
je combats ouvertement le projet d'en faire
une déclaration universelle. Ah ! qu'ils ont
été coupables, ceux qui conçurent et firent
valoir en 1789 ce projet inconsidéré ! Au
surplus, je l'avoue : si, comme eux, j'avois
exaspéré tant de bons esprits, perverti la
jeunesse par des maximes d'insubordination,
égaré et fanatisé une multitude étrangère
aux questions métaphysiques, cherché à

mettre en combustion tous les états de la terre;
si, comme eux, j'avois créé et formé le parti
redoutable des Jacobins, pour le faire concourir à cette œuvre d'iniquité et en même-
temps à mes vues particulières ; que je l'eusse
applaudi dans ses excès, quand il devoit m'en
revenir quelque notoire avantage, je n'aurois
pas...... non, je n'aurois pas, comme eux,
aggravé mes torts en tombant d'inconséquence
en inconséquence ; et sur-tout je n'aurois pas
abandonné ce parti (1), cruel et malheureux par ma faute, pour le poursuivre hypocritement au nom de l'humnité en l'ac-
cusant encore de mes propres forfaits. Il appartient bien à ceux qui ont imaginé tant d'exé-
crables desseins ; qui ont protégé et célébré
par des cris d'alégresse le supplice affreux
de la lanterne ; qui ont commandé ou provoqué de toutes parts en 1789 et 1790 le

____

(1) Pour en former un autre sous la dénomination
de *feuillans*.

meurtre et l'incendie, de gémir sur le sang que la guillotine et les fusillades ont fait répandre ; de se plaindre des menaces continuellement faites à la propriété; de se récrier enfin, contre le libre développement de leur doctrine perverse et sanguinaire dans ses résultats !........

Quoique je n'ignore point que les opinions du jour couvrent de ridicule les opinions de la veille, je n'ai pas craint de rappeler l'importance de celles que nous abandonnons si légèrement dans ces malheureux temps de vertige.

Dans le cours de mes méditations, je n'ai pu toujours résister aux sorties d'une imagination vive et prompte à s'enflammer. Sans doute, on me blâmera d'avoir passé de temps à autre du ton sérieux au ton peu réfléchi de la plaisanterie ; d'avoir brusquement interrompu une marche grave, pour me jeter à l'aventure dans les sentiers fleuris du badinage, et revenir aussi-tôt sur mes pas ; de m'être livré, avec peu de retenue, à des descriptions pompeuses, dans un ouvrage dont le titre principal n'annonce il est vrai rien de méthodique et de suivi ; mais qui renferme de ces questions, bien éloignées pour l'ordinaire de toute idée champêtre et romantique : on m'en blâmera ; et l'on aura raison.

Bien que souvent j'aie eu l'intention de me soustraire à ce jugement prévu, en refondant la totalité de mon ouvrage, jeté au moule il y a six ans, à une époque où je n'avois pas acquis des siècles d'expérience (1), je n'ai pu me dissimuler, qu'avec la tournure singulière de mon esprit, je n'éviterois un écueil que pour tomber peut-être plus

(1) Quel est celui, qui, durant les sept dernières années, ne croiroit comme moi avoir vécu des siècles ?....... Jamais, dans un si court espace de temps, l'homme n'a mieux été à portée qu'alors de juger les hommes par l'évidence de leurs passions ; par le combat mémorable qu'elles ont soutenu avec violence les unes contre les autres.

mal-adroitement dans un autre ; et dans cette incertitude , j'ai cru devoir laisser aux *Soirées d'un Solitaire* les folies qui s'y trouvent, à côté des maximes sages qu'elles renferment : cette digression , relative à quelques-unes de mes imperfections sensibles, seroit assurément hors de place , si elle ne tendoit à me valoir, plus généreusement encore , l'indulgence publique par l'aveu même de mes fautes.

LES SOIRÉES

D'UN

SOLITAIRE.

---

*La déclaration des droits de l'homme
examinée et combattue.*

Si jamais les droits de l'homme étoient universellement reconnus, il n'est pas un état
au monde qui pût résister au bouleversement
dont ils seroient tous menacés ; et il n'est
d'ailleurs aucune forme de constitution, qu'on
pût établir avec l'espoir de la conserver pour
un terme même très-court : les sociétés, ne
pouvant être de durée que par des loix fixes,
finiroient de toutes parts par ne présenter
que des ruines et des décombres. Vainement
se flatteroit-on de parvenir, par le progrès
des lumières, à faire trouver au plus grand
nombre le bonheur dans l'exercice des devoirs prescrits : les lumières ne seront jamais
réparties d'une manière égale et universelle ;
et dans la supposition gratuite que l'on pourroit en faire, l'idée de la catastrophe devien-

droit plus effrayante encore, puisque le danger seroit alors beaucoup plus prochain.

Toutes les restrictions aux droits de l'homme, en faveur de la propriété et du bon ordre, ne sauroient pour long-temps arrêter la
multitude, aigrie de la répartition inégale
des fortunes et qu'elle sentiroit même avec
humiliation, si elle étoit éclairée. Réfléchissant en connoissance de cause sur la nature
des droits de l'homme, en vertu de quel pouvoir, diroit-elle et non sans fondement, la
génération passée s'est-elle érigée en puissance constituante ? Si elle a dit : *tel ordre
doit être observé* .... Nous, maîtres de changer la loi, nous détruisons ce prétendu systême d'ordre qui s'oppose aux jouissances libres du plus grand nombre ! .... Vous qui
êtes de bonne foi ; vous qui vivez dans la
sécurité, suivez l'enchaînement de ces conséquences, qui résultent tout naturellement
du principe mis au jour par Rousseau et de la
maxime avancée par Sidney ; et voyez ensuite, si les peuples, de chaque génération,
n'auront pas incontestablement le droit de renverser et de détruire tout ce qu'ils auront
trouvé établi, pour prescrire à leur tour ce
qu'ils croiront ou estimeront le plus conve-

hable : le partage des terres sera ordonné ; la communauté des femmes et des biens sera même arrêtée, si la multitude entend que cela soit et qu'elle le veuille ainsi.

Cette conséquence, qui n'est point la dernière à tirer du précepte et de la règle de ces deux hommes célèbres, acquiert un nouveau degré de certitude, quand on se représente la majeure partie des hommes, sans propriété ou sans état assuré, raisonnant avec méthode d'après ces lumières universellement répandues, qui pourroient si bien donner l'impulsion générale, à l'effet de mettre d'abord toutes les choses à l'unisson. Eh! où est celui, qui, songeant à cette marche rétrograde vers les temps primitifs de la nature, auroit surtout le courage de se féliciter de *cette déclaration des droits de l'homme* légitimant à l'avance toutes les entreprises ?

Certainement, l'homme, en sa seule qualité d'homme, est digne des plus grands égards : aussi, tel qui ose, quelle que soit sa position, méconnoître son semblable, dans quelque état qu'il se rencontre, est un monstre que l'humanité réprouve. Mais autre chose est une maxime recommandée par la nature, portant les hommes à vivre fraternellement ensemble, ou la découverte d'un principe, caché sous les premiers fondemens de la société, qui n'auroit pu dès-lors être mis en évidence, que pour les enflammer les uns contre les autres et jusqu'à extinction de force.

En serrant de près la question à laquelle donne lieu le sens absolu de ces mots : *la déclaration des droits de l'homme*, peut-être parviendrons-nous à convaincre, que cette déclaration est par sa nature d'une toute autre importance que celle qu'on y attache encore. Il est de ces propositions qu'on ne peut victorieusement réduire à leur juste valeur, qu'en rompant le charme qui les environne et sans lequel elles ne se soutiennent point.

D'elle-même, la manifestation des droits de l'homme établiroit la communauté des biens entre tous les peuples de la terre ; et leur puissance souveraine et indivisible sur la surface entière du globe, étant ainsi déterminée par le fait, frapperoit de nullité les restrictions que quelques législateurs prétendroient y mettre toutefois : il n'y auroit plus alors que des usurpateurs, qui, par certaines clauses particulières, osassent en restreindre la latitude et attenter ainsi à leur essence. Dérivant de la nature même, ces droits, à l'origine des

sociétés, n'ont pu être plus ou moins circonscrits, que par le soin qu'on a eu de les couvrir d'un voile plus ou moins épais.

En proclamant des droits si profondément
vrais, pourroit - on seulement classer les
deux hémisphères, en pays distincts l'un de
l'autre, sans que cet acte ne blessât réellement la déclaration solemnelle qui en auroit
été faite ; et si, d'infraction en infraction, l'on
venoit à souscrire au maintien de la division et subdivision de la terre, en plusieurs
états ou pays, oseroit - on soutenir que l'on
ne méprise pas soi - même cette imposante
déclaration ? ..... Eh ! ne la mépriseroit-
on pas plus ouvertement encore, si, dans le
pays où elle auroit été solemnisée, on main-
tenoit ou favorisoit les moyens qui mettront
toujours entre les hommes une différence positive et remarquable ? ....

Sans doute, il est de ces distinctions parmi
les hommes que l'existence d'une société quelconque détermine impérieusement. Si donc
la société est incompatible par essence avec
une égalité parfaite et absolue, ne seroit-il
pas absurde de croire, après avoir déclaré
que *la loi est l'expression de la volonté
générale*, que telle génération pourra éta-

blir un mode nouveau de gouvernement, et y astreindre par des formes les générations suivantes; et si tout acte législatif ne devoit être considéré comme *loi*, qu'autant que cette volonté générale lui en donneroit le caractère à des époques très-rapprochées, ne seroit-ce pas d'un autre côté s'abuser étrangement, que de compter, et pour soi-même et pour les siens, sur la durée d'un ordre de choses constamment exposé à être anéanti?

La majeure partie des hommes, ayant beaucoup plus de peine et infiniment moins de jouissance que le petit nombre, ne seroit-elle pas portée naturellement à donner, par ce seul mot: *je le veux*, une nouvelle face aux affaires, pour posséder à son tour les avantages que les places et les richesses procurent?

Si le peuple, dit milord Sidney, *établit une certaine forme de gouvernement, il est en droit de l'abolir.* Lors même que ce passage ne seroit pas textuellement énoncé dans la déclaration des droits de l'homme, il n'en feroit pas moins essentiellement partie. Or, je le demande, d'après une pareille maxime, justifiant à l'avance toute espèce d'insurrections, pourroit-on raisonnablement espérer de garantir les institutions sociales des excès de la multitude ?

Les gens, dans la plupart des villes, qui n'ont ni propriété ni état permanent ou stable, sont en bien plus grand nombre que ceux qui ont l'avantage d'y avoir des propriétés ou des établissemens solides. Les premiers, connoissant la nature des droits de l'homme, tenant peu à leur position privée ou dégagés de tout lien domestique, disposés conséquemment à tout oser et à se soulever contre les institutions gênantes, seroient-ils toujours assez débonnaires, à la vue de quelques mesures de contrainte, pour respecter humblement les entraves qu'on auroit pu mettre à l'exercice libre de leurs droits ?

Quoique ces observations soient déja très-détaillées, elles sont loin d'avoir épuisé le sujet qui les a fait naître. Mais n'en disent-elles pas assez, sur l'étendue des droits de l'homme, pour faire pressentir les dangers incalculables qui résulteroient de la déclaration universelle qu'on voudroit en donner ?

Sans revenir sur nos pas, sans remonter ici aux causes qui peuvent occasionner la subversion de tous les gouvernemens, renvoyant ailleurs à démontrer plus fortement encore, qu'un édifice social ne peut avoir aucune solidité sur les bases uniques d'une philosophie abstraite, nous terminerons cet article, par quelques raisons militant contre l'admission d'une démocratie royale, dans un pays surtout immense et populeux.

Dans un pays considérable par son étendue et sa population, les besoins sont aussi nombreux que variés; et les ressources qu'il présente, ne pouvant être les mêmes pour ses différens cantons et ses divers habitans, il faut que le gouvernement y soit institué, d'après ce qu'exigent cette diversité de besoins et cette inégalité insurmontable.

Mais si une puissance, dans un tel pays où il s'agiroit encore de reconnoître une forme monarchique, venoit inopinément à déclarer que tous les hommes sont égaux en droits, sans avoir pu en même temps les rendre parfaitement égaux en moyens, il ne faudroit pas s'aveugler au point de croire, à la suite même d'un mouvement général d'enthousiasme, inspiré par une déclaration si flatteuse et si inattendue, que les liens du patriotisme y seroient assez forts, pour assurer de toutes parts la paix et le bonheur. Au contraire, ce pays, divisé en plusieurs chef-lieux d'élection, porteroit tôt ou tard au point central des envoyés ayant des intérêts locaux à faire valoir, ou des raisons pour s'opposer à des demandes dont l'objet répugneroit aux cantons qui les auroient commis; et au milieu de ce conflit de convenance et d'opposition, la haine éclateroit avec violence, et la défiance entraveroit à-tout-propos la marche du gouvernement. D'autre part, si ces envoyés étoient uniquement appelés à représenter la masse entière du peuple, conséquemment dégagés de toute mission particulière, il en résulteroit de temps à autre des mesures vexatoires, qui blesseroient alternativement toutes les parties de l'empire; et si l'on ajoute à l'un ou à l'autre de ces deux inconvéniens, le danger de n'avoir plus en la personne du prince qu'un vain simulacre d'autorité, qu'un ennemi tout naturel du nouveau mode de législation, agissant dans les ténèbres pour revenir à faire tout par lui-même, on verra qu'une démocratie royale doit finir par mettre l'état en pièces, ou le faire retourner de plein saut à la puissance d'un seul. Donc, une telle constitution, qui ne pourroit par sa nature être de durée, qui provoqueroit même la chûte de l'administration appelée à la faire aller, seroit une abominable constitution , que des novateurs n'introduiroient point dans un pays, vaste et peuplé , sans en être les plus dangereux ennemis.

Ce n'est pas tout. Dans le nombre de ces causes, qui doivent violemment concourir à détruire la démocratie royale , il en est une particulièrement remarquable dans une position donnée.

Si l'état avoit sous sa domination des pays lointains et dont il fut jaloux , il seroit contraint de laisser ou d'accorder au pouvoir exécutif , une autorité plus grande que celle reconnue nécessaire à l'administration de la mère-patrie : sans cela, il perdroit inévitablement ses possessions lointaines ; et avec cela , les moyens ne manqueroient point à l'exécuteur suprême des loix pour devenir ou redevenir tout-puissant. On peut très-bien déranger l'ordre établi des choses ; mais jamais l'on ne pourra empêcher qu'elles soient ce qu'elles sont par leur nature.

*De la déclaration des droits reconnus par
les XIII Etats-Unis de l'Amérique.*

La notoire différence entre deux actes fameux, à jamais mémorables sur les deux continens, est le sujet de cet article, qui paroit au premier abord se rapporter uniquement à la république des XIII Etats - Unis de l'Amérique.

Elle aussi a fondé son gouvernement sur les droits du peuple ; mais par la manière dont ils sont exposés en tête de sa législation, cette république a pu légitimement arrêter certaines mesures politiques. L'acte où ils sont énoncés a seulement pour titre : *la déclaration des droits.* Quels droits ? . . . . Les droits des citoyens américains.

On voit, par la nécessité d'en demander l'explication, que cette déclaration ne présente pas un sens rigoureusement absolu.

Il n'en est pas de même de la déclaration faite par l'assemblée nationale de France ; car les droits de l'homme s'expliquant par eux-mêmes, il est très-inutile de recourir aux autres pour avoir le commentaire de ce que chacun porte en soi. Aussi, le législateur qui les a promulgués, ou qui les prend pour type de sa législation, ne peut en restreindre la latitude sans se rendre coupable de forfaiture, ou du moins sans tomber dans une inconséquence inouïe.

Mais pourquoi cette différence énorme entre ces deux bases de constitution républicaine? C'est que les Américains n'ont voulu être que les instituteurs de leur pays; tandis que les superbes de 1789, ont eu bien d'autres prétentions que celle d'être utiles à la France.

De la démocratie royale.

Fait en juillet 1792.

LA démocratie royale, célébrée dans ces temps de vertige philosophique, est en politique un véritable monstre : on a pu, et l'on peut encore, donner l'existence à un pareil gouvernement ; mais comme il porte activement en soi le principe de sa propre destruction, il faut être dans l'aveuglement, ou noir de turpitude, pour prétendre ou soutenir qu'il puisse être de durée.

En réfléchissant sur les travers de la première assemblée nationale de France, la postérité trouvera que cette assemblée, hautaine et bruyante, a fait beaucoup trop de réformes, si de bonne-foi elle entendoit conserver la monarchie ; ou qu'elle n'en a pas fait assez, si réellement elle vouloit donner à la nation française un gouvernement en quelque sorte démocratique.

Que vouloit-elle donc cette assemblée, à laquelle seule il faudra attribuer les malheurs qui vont bouleverser les États e—

cabler l'Europe entière? Faire époque, à tout prix, dans les fastes de l'histoire, et au même titre que l'incendiaire du temple d'Ephèse. Par ses propagateurs, par son verbiage philantropique, n'a-t-elle pas répandu, au milieu des peuples même les plus heureux, ce poison d'anarchie qui déja les tourmente et qu'elle a préparé avec tant d'art au plus fort de son audace?

De la démocratie dans les grands Etats.

Fait en juillet 1792 (1).

Sous tous les rapports, la démocratie seroit particulièrement dangereuse à un pays
d'une vaste étendue, parsemé de villes populeuses, manufacturières et commerçantes :
toutes les parties de l'état y étant si dissemblables, par la différence de leurs ressources
et de leurs besoins ; si opposées conséquemment entr'elles de vues et d'intérêt, elles
ne pourroient également concourir à déterminer des mesures générales, sans que l'effet

------

(1) J'ai fait cet article, et celui qui le précède,
à la suite d'une discussion longue et très-vive, que
j'eus en juillet 1792 avec Le Brun, appelé quelque temps après au ministère des affaires étrangères.
Quoique j'aie souvent différé d'opinion avec cet
homme égaré et méconnoissable en politique, j'aime
à le nommer ici pour rendre témoignage à sa mémoire. Le Brun, homme instruit et laborieux, réunis-
soit les plus belles qualités : il avoit la droiture en
partage dans le commerce privé de la vie ; et pour son
pays, il étoit animé des meilleures intentions.

n'en fût plus aux unes qu'aux autres profitable ou onéreux. De-là, la violence des débats et les éclats de la haine ; et comme aucune raison réelle de fraternité ne sauroit en tempérer la force et l'aigreur, la discorde y déploiroit sa puissance anarchique, jusqu'à ce que les dissentions intestines et d'horribles excès, eussent enfin renversé ce frêle et pur gouvernement. Si un petit nombre d'hommes, simples et vertueux, ne peut adopter la démocratie sans de grandes précautions et même sans danger, que ne seroit-elle pas d'ailleurs pour une multitude immense, dont le caractère est ordinairement de n'en point avoir !

Dans la supposition qu'un tel pays fût encore partie agricole et partie maritime, la démocratie y seroit de plus illusoire ; par conséquent l'Etat seroit en butte à un plus grand nombre de passions. Par l'économie et le travail, sans désirs indiscrets, les cantons agricoles pourroient bien y jouir d'une modeste aisance ; mais les coins et les bords maritimes, par de vastes spéculations de commerce, attirent du dehors les richesses factices, répandent au-dedans les besoins dévorans, qui inspirent toujours la fureur de les satisfaire : alors, sur toute la surface, l'inégalité des moyens y devient chaque jour plus frappante parmi les hommes ; et de cette iné-galité , qui développe tant de vices, il résulte pour l'égalité des droits de si notoires dom-mages , qu'elle ne tarde point à devenir vi-siblement nulle dans ses effets. Sous la démo-cratie , le gouvernement, qui n'est autre chose qu'un simulacre d'autorité , à moins qu'il ne change de nature et ne fasse ainsi disparoî-tre le principe sur lequel il repose , ne pourra jamais se concilier avec l'opulence et tous les besoins que la vanité en force traîne cons-tamment à sa suite.

Réformateurs infatigables ! si malgré l'ex-trême fragilité de la démocratie , vous vou-lez absolument l'établir dans votre pays, que je suppose semblable à celui dont il est ici question , commencez par détruire sans re-gret tous les établissemens qui favorisent au milieu de vous le commerce ; renversez d'un seul coup vos manufactures et vos grands tri-pots de banque ; réduisez en simples bourga-des vos cités aussi nombreuses que magni-fiques ; renvoyez aux travaux des champs , ceux qui les ont abandonnés pour venir se corrompre dans ces enceintes pestiférées ; mé-prisez et proscrivez tous les arts qui sont

étrangers à la culture des terres ; ne promul-
guez pas la loi agraire , car elle ne répondroit
point aux fins que vous vous en proposeriez ;
mais faites passer dans les mains des uns une
partie de ce que les autres ont en abondance,
et de manière que chacun soit assuré de vivre commodément.

Cependant, pour parvenir à cette réforme et
disposer ainsi de toutes choses, que de sang ne
faudroit-il pas répandre ! que d'échafauds ne
faudroit-il pas dresser ! .... Eh encore, cette
réforme , jugée indispensable , pourra-t-elle
jamais être dans un tel pays complette et
maintenue ? L'étendue du territoire , ses faciles abords, une prodigieuse population, n'exis-
teront-ils pas toujours au grand détriment
de la démocratie ? .... Hommes fiers et honnêtes , vous qui n'aspirez à la liberté que par
de sûrs moyens; vous qui n'entendez l'obtenir
que pour la transmettre pure à vos enfans ,
sans craindre même qu'elle leur échappe ou
qu'ils soient obligés de la conserver par le
fer et le feu , gardez-vous d'arrêter jamais
aucune mesure , qui pût être en opposition
constante avec ce que la saine politique avoue
et autorise !

De la démocratie cloîtrée.

Plus les lieux sont inaccessibles et resserrés, moins ils sont défavorables à la démocratie. Une république foncièrement démocratique, qui suppose essentiellement des
mœurs pures, des hommes simples et l'égalité de moyens entr'eux; qui doit être ré-
gie plutôt par les usages que par les loix,
dont le nombre attesteroit leur insuffisance;
qui doit avoir un territoire tellement borné,
que ceux qu'elle renferme soient tous à portée de se connoître particulièrement les uns
les autres, afin que personne ne puisse échapper au regard de chacun, devroit être un vrai
cloître, pour que ce gouvernement, si fra-
gile en soi, ne fût pas par ses effets une source
réelle de calamités publiques. Lieux inaccessibles et resserrés, vous seuls pouvez en
quelque sorte prétendre à la sévère démocratie!.... Et on la croit propre à tous
les pays, l'on voudroit même en faire un
gouvernement universel?..... O hommes
de mon temps, vous parlez avec l'assurance
de la sagesse, quand la folie cependant préside à vos desseins !

C

Tableau de la démocratie dans toute sa pureté.

Au mot seul de *république*, chez la plupart des hommes, l'imagination se réveille, pour leur représenter les avantages qui semblent être attachés à une constitution démocratique. Mais ces mêmes hommes, asservis par l'habitude aux besoins factices de la vie, à ces besoins d'ailleurs si vivement excités par le séjour dangereux des capitales, ne songent pas, dans leur noble mouvement, que ce genre de constitution réclame la pratique des vertus austères, et oblige à des devoirs qu'on ne peut bien remplir, qu'en se soumettant à des privations sans nombre : ô homme, tout est beau, tout est riant pour toi dans la spéculation !

Sans cette imposante condition, on ne sauroit nulle part établir la démocratie ; et pour que chez un peuple elle fût transmissible d'âge en âge, dans toute son intégrité, il lui faudroit un site, où elle se trouvât constamment à couvert des dangers de la corruption. Conséquemment, la démocratie ne peut convenir

qu'à un très-petit pays, absolument, agricole
et entièrement inaccessible, par sa localité et
sa rudesse, aux hommes et aux choses qui
lui sont étrangers.

Un tel pays, sous une telle constitution,
doit présenter une société de véritables frères;
jaloux du bonheur de vivre ensemble et de
se perpétuer dans les leurs; tous intéressés
à maintenir religieusement entr'eux la paix
et la concorde, et entretenant ainsi au milieu d'eux, sans effort ni contrainte, le spectacle touchant d'une famille paisible, nombreuse et toujours attentive à porter ses regards sur chaque individu, dont la sagesse
ou les vices ne peuvent que faire la félicité
ou le supplice de tous.

Devant et voulant se conserver dans un
état de vigueur, ce pays ne recevra jamais personne du dehors à titre d'habitant;
car il ne se dissimulera point que le plus léger exemple de vertus relâchées, d'habitudes
frivoles, ne tarderoit pas à être pour ses
foyers le ferment des plus grands maux.
Pour être rigoureusement vertueux, il faut
avoir beaucoup de simplicité dans les manières;
et de peur que l'ingénuité et la candeur,
qui déterminent cette simplicité ou qui en

dérivent, ne soient exposés à rien perdre de leur caractère prononcé, il faut absolument vivre dans une complette ignorance sur les folies et les travers des autres.

Les étrangers n'y étant pas admis, le gouvernement sera un vrai patrimoine, que les pères, de génération en génération, laisseront intact à leurs enfans : les droits y étant par cette exclusion infiniment précieux, chacun y remplira mieux ses devoirs de citoyen que s'il en étoit autrement. Si cette considération n'est pas philosophique, elle sera du moins concluante pour des hommes simples, plus jaloux de leurs prérogatives que du résultat de quelque sublime raisonnement.

Sous un tel gouvernement, où les mœurs sont surveillées, les hommes se marieront et les filles ne soupireront point d'une trop longue attente : l'amour y exercera ses droits ; mais sous le titre d'époux, les amans seront heureux sans cesser d'être honnêtes.

Ce gouvernement, âpre dans son regime, suppose des hommes un peu farouches. Grossiers, mais vertueux, ils ne verront rien de comparable à leurs tranquilles demeures : sentiment inappréciable, source pure de l'alégresse et du bonheur ! Contens de leur sort, ces hommes ne songeront point à se transporter chez les autres, où ils ne seroient que l'objet du ridicule ou du dédain ; tandis que la raison qui les y exposeroit, est au contraire pour eux la garantie de l'estime de leurs compatriotes. Ah ! s'il existe sur la terre un tel gouvernement, de quelle force doit y être l'amour de la patrie ! Quand sur le sol qui nous a vu naître, nous ne voyons que des parens, que des amis, que des hommes, dont les goûts, les intérêts sont les nôtres. . . . . hélas ! quel qu'en soit l'aspect, il est un lieu de délices et de félicité !

Sous la puissance d'un tel gouvernement, la naïveté du sentiment supplée dans toutes les occasions aux riches ressources de l'éloquence ; et comme l'on y est fortement pénétré de l'importance de ses devoirs, la voix n'a pas d'ailleurs besoin de s'y épuiser, en les rappellant sans cesse, pour en recommander la pratique : l'art de bien dire y est inconnu ; mais la manière de bien faire y est scrupuleusement observée.

Ordinairement, c'est en vue de se faire remarquer, que l'on fait en public une grande dépense de paroles. Sous notre heureuse démocratie, une prétention si vaniteuse n'agite point ceux qui sont appelés à se faire entendre : leurs ames, pures et sans tache, dédaigneroient d'avoir recours aux graces de l'expression, si elles en connoissoient même la puissance. Sur leur sol fortuné, ils n'ont besoin, pour manifester leurs fraternels sentimens, pour exprimer leurs chastes pensées, ni du secours abondant des mots, ni de la tournure habile des phrases ; de ces moyens enfin, qui prêtent une si prodigieuse force à l'imposture et à la séduction : aussi, le langage du sourire, du regard et du maintien; ce langage muet, qui en exprimant tant de choses pénètre si avant, y suffit-il dans tous les cas au développement des plus sages et des plus touchantes idées. Glorieux mortels! ô vous dont la pompeuse jactance étourdit quiconque vous écoute, allez . . . . . allez sous ce gouvernement, pour apprendre à vous taire et à dire beaucoup !

Là encore, il n'est point nécessaire de recourir aux fastes de l'histoire, pour savoir tout ce que le patriotisme peut produire : il est dans les cœurs, il consiste dans l'indulgence et le support ; et jamais il n'y devient remarquable, par le bruit et la vig-

lence , que quand il faut dompter sur la fron-
tière un ennemi implacable et en force.

Nations superbes ! vous qui vous glorifiez
d'être animées de l'amour de la patrie , re-
connoit-on votre patriotisme à des caractères
si augustes ?...... Il s'en faut bien ! chez
vous , le patriotisme ne se distingue que par
des rivalités , des sentimens haineux , des divisions , des calomnies sans nombre , des per-
sécutions inouies , des meurtres rafinés ; et
quand vos mains sont teintes du sang de vos
frères , vous les élevez alors pour recevoir
la couronne civique. Grand Dieu ! quel patriotisme que celui qui n'est sensible , que
par le trouble et la fureur de gens au milieu
desquels la concorde devroit régner !

Mais , où me transporte ce contraste frappant , entre les nations qui souillent du plus
au moins la presque totalité de la terre , et
un peuple qu'on ne voit nulle part dans les
régions civilisées...... Non ; il n'est aucun
peuple disputant sur *le tien et le mien* ,
qui respire sous l'empire pur de la démocratie , et particulièrement en Europe , où
des besoins insatiables se font journellement
sentir. Si , dans cette partie du monde , quelques petits coins sauvages en approchent ;

si quelques petits Etats s'en glorifient ; si quelques grandes peuplades y prétendent, tous ils sont loin encore de ce gouvernement fraternel et vertueux : comme plus d'une raison s'élève pour les en éloigner davantage, voyons à parcourir les causes qui y concourent.

Les pays de l'Europe ne sont pas si absolument agricoles, que les moyens tendant à augmenter les besoins, ne s'y trouvent et ne deviennent par leurs effets indispensables à la vie ; la plupart des pays n'y sont pas assez circonscrits, pour que ceux qui les habitent ne soient ensemble comme s'ils étoient étrangers les uns aux autres ; et soit par leur localité, soit par leurs relations de voisinage, les lieux habités de cette orgueilleuse contrée, ne sont ni assez inaccessibles ni assez indépendans, pour que les hommes et les choses, qui ne leur appartiennent point, ne puissent ou ne soient appelés à s'y introduire et à s'y fixer.

Par les hommes et les choses, les besoins se présentent ; le commerce s'établit, les richesses arrivent, l'opulence devient le partage des uns, la misère le partage des autres ; l'inégalité est alors très-sensible ; la vanité se livre d'un côté à ses folies, l'orgueil s'irrite de l'autre dans son aveuglement ; le luxe, qui est aussi-tôt là, fait des progrès inouis, les mœurs cessent d'avoir leur empire, les hommes n'ont plus de caractère, la corruption pervertit tout enfin ; et dans cet état d'extravagance et de dégradation, on ne voit en général, que des pays gangrenés et repoussant au loin toute idée saine de patrie.

Peuples de la terre ! ces derniers traits n'étant que l'analyse de l'histoire de vos foiblesses, à jamais insurmontables, que tant de circonstances concourent d'ailleurs à faire triompher de vos meilleures intentions, gardez-vous de vous déchirer, de vous massacrer, pour une perfection de gouvernement incompatible avec la fragilité humaine ! Défiez-vous des novateurs, que l'ambition tourmente plus que ne les enflamme le désir de vous rendre heureux. Sans doute, vous ne pouvez que souffrir et gémir sous le règne des plus criants abus. Malheur aux autorités suprêmes, qui au lieu d'y pourvoir, cherchent au contraire à en tirer avantage ! Renversez ; ouï, renversez les tyrans incorrigibles, s'il est possible, toutefois, qu'il s'en trouve dans ce siècle de lumières et d'instruction ; mais ne

brisez pas les co . . . . pour vous en distribuer les fragmens ; car votre volonté, que vous
croiriez libre alors ; vos bras, que vous esti-
meriez dégagés de tout lien , seroient asservis au génie démagogique , qui , sous des dehors trompeurs, augmenteroit la masse de
vos maux, pour vous les rendre plus sensibles encore quand l'illusion viendroit à disparoître !

Si donc la démocratie , par la sublimité de
sa nature , ne peut rien trouver au milieu des
hommes qui ne s'oppose à ce qu'elle soit
vraîment établie , que les nations favorisées
d'une liberté aussi étendue que leur existence politique le comporte ; que celles encore qui sont aussi heureuses qu'il est possible de l'être , par la sagesse des loix ,
l'intégrité des magistrats et la prévoyance des
administrateurs, aient enfin de leur situation
honorable un sentiment assez profond , pour
ne jamais remettre leurs destinées entre les
mains de ces prétendus philantropes , qui ,
sous le prétexte de tout perfectionner, ne raisonnent et n'agissent qu'en vue de tout détruire !

Et vous, mortels élevés en dignité, pour

mieux vous pénétrer de l'idée que ceux que vous gouvernez sont vos semblables, rappelez-vous dans toutes les occasions de CELUI qui a dit, sans distinction de personne : *J'ai fait l'homme à mon image !*

De l'aristocratie élective.

DANS un Etat vaste et populeux, la démocratie seroit par le fait une ochlocratie véritable ; et comme l'intervention d'une multitude immense, dans les affaires publiques, ne sauroit avoir aucune mesure, la démocratie alors, repoussant toute idée de gouvernement regulier, seroit en définitive une anarchie constitutionnellement avouée.

Pour obvier à cet inconvénient, on y fixe l'autorité suprême dans une assemblée plus ou moins nombreuse, dont les places sont amovibles, et remplies au choix du peuple par des citoyens estimés les plus capables. De-là, l'aristocratie élective, dans les bras de laquelle se réfugie la démocratie effrayée de la nature de sa puissance.

Le droit de faire les loix caractérise particulièrement la puissance souveraine ; et c'est d'après la composition du corps qui en est investi, que la république reçoit une qualification distinctive. Quand ce droit est confié, transmis ou dévolu, à une assemblée dont les places sont soumises au suffrage du peuple entier, la république est électivement aristocratique; ou, ce qui revient parfaitement au même, pour nous prêter aux idées du jour, le gouvernement en est représentatif.

Dès que la démocratie cesse d'être ce qu'elle est par essence, *tout pour et par elle-même*, elle n'existe plus dans l'Etat, qui prend alors une autre forme.

La forme, qui en conserve la plus forte empreinte, est sans contredit l'aristocratie élective, ou le gouvernement représentatif: en l'adoptant, l'Etat devient populaire de démocratique qu'il étoit.

Au premier abord, cette proposition paroît étrange ou erronée; car avancer qu'un Etat peut devenir populaire, en cessant d'être démocratique, c'est positivement rejeter l'idée, qu'un Etat démocratique soit de sa nature populaire.

Cependant, rien n'est plus vrai. Sous la démocratie, les devoirs ou les égards sont absolument réciproques; et comme tout sentiment populaire n'est autre chose qu'une bienveillante bonhommie, qui suppose conséquemment supériorité d'un côté et infériorité de l'autre, il y seroit trop hors de place, pour que jamais personne osât le manifester ou s'applaudir d'en être l'objet.

La démocratie, n'admettant d'ailleurs ni concentration ni division prononcée de pouvoirs, ne comprenant en individu que des hommes parfaitement égaux entr'eux, est entièrement hors de ces formes populaires, qui attestent que dans l'Etat il existe une inégalité de fait, et encore une inégalité de droit, quoique moins sensible que sous la monarchie et l'aristocratie héréditaire.

L'inégalité de fait, est déterminée par la différence qui se trouve entre le riche et le pauvre ; entre l'homme instruit et l'homme ignorant.

L'inégalité de droit, sous le gouvernement populaire, moins sensible, comme nous venons de le dire, que par-tout ailleurs, dérive des pouvoirs exercés, très-importans surtout dans les grands Etats, par un certain nombre d'hommes en qui la masse du peuple se confie, et auquel les honneurs imposans, les avantages pécuniaires, la prérogative dangereuse de disposer des plus lucratifs emplois, sont encore spécialement dévolus.

Un Etat populaire (1), se présente sous des rapports d'exclusion formelle pour la démocratie, qui est *tout pour et par elle-même.* Il est populaire, quand la multitude nomme aux places du corps législatif, de la magistrature et des assemblées administratives ; quand elle a sur le gouvernement une influence plus ou moins directe ; quand les gouvernans et les riches, par des manières affables et un ton vrai ou feint d'aménité, par ces divers traits de popularité frappante, sont dans l'obligation indispensable, pour se maintenir ou parvenir en fonction, de captiver sans relâche l'affection du peuple ; quand chaque famille de l'Etat, la plus enfoncée même dans la fange de la société, a droit pour les siens à toutes les places du gouvernement ; enfin il est populaire, par tout ce qui blesseroit à mort l'aristocratie héréditaire, et

____

(1) Je suis loin de confondre encore le gouvernement populaire, avec cet autre gouvernement que l'on nomme improprement *aristodémocratique,* et dont je parle avec indignation dans mon Essai sur les Gouvernemens : c'est dans cet Essai, malgré tous les écarts d'une imagination ardente, que je crois avoir fixé mes idées avec une sorte de précision.

par tout ce qui outrageroit et flétriroit
sans retour la démocratie. Donc, le gouvernement populaire n'est qu'une aristocratie élective, composée de sujets au choix
du peuple entier.

Fait en juillet 1791.

Détails ultérieurs.

LA popularité d'un homme, vis-à-vis d'un autre, met une très-grande différence entre eux : l'un manifeste un sentiment, l'autre en reçoit l'expression. De cet acte et de cet effet, que l'un exerce exclusivement, et que l'autre éprouve de même, il en résulte cette différence que l'on remarque entre une personne qui fait un don et celle qui le reçoit : aussi, tout homme, qui au-lieu de s'en tenir simplement à être populaire, se vante encore de l'être, est au moins un sot s'il n'est pas toutefois un orgueilleux.

Sous la démocratie, tous les hommes, indistinctement réunis, font tout par eux-mêmes : la marche des affaires y est si uniforme, le détail en est si peu compliqué, que ceux qui s'en chargent successivement, loin d'être les supérieurs des autres, en seroient au contraire les subalternes, si toute idée de distinction n'étoit pas étrangère au milieu d'eux.

D

*De l'aveuglement ou de la mauvaise foi
de certains hommes d'Etat.*

QUAND un législateur veut de bonne foi
introduire dans l'Etat une nouvelle forme de
gouvernement, il doit irrémissiblement proscrire tout ce qui peut, par sa nature, être funeste au maintien de son œuvre.

Mais si des hommes, à la faveur des circonstances, entraînoient le peuple d'un grand
empire à recevoir une constitution qui ap-
procheroit le plus de la démocratie, ne seroient-ils pas des sots ou de hardis fripons,
s'ils portoient encore ce peuple à conserver,
comme partie intégrante du gouvernement,
un pouvoir quelconque de royauté héréditaire?

Sans doute, ils seroient des *sots*, quand ils
croiroient, qu'un pareil pouvoir et une semblable constitution pussent marcher ensemble,
sans que l'Etat fût journellement exposé
aux plus grands malheurs; et ils seroient de
hardis fripons, lorsque ne se faisant pas
illusion sur les dangers innombrables que cour-
roit un gouvernement si monstrueux, ils en

parleroient autrement pour le faire même adopter avec enthousiasme ; puisqu'alors de basses vues d'ambition, ou d'intérêt personnel, seroient uniquement le seul motif de leur conduite.

Par ce pouvoir héréditaire, quelles qu'en fussent les limites, les institutions populaires disparoîtroient, tôt ou tard et infailliblement, pour faire place à un regime de fer habilement amené et militairement soutenu ; si toutefois, pendant qu'il en seroit temps encore, une faction puissante ne se soulevoit avec audace, pour réformer ce pouvoir lui-même et ouvrir ainsi le plus vaste champ à la démagogie, qui, désorganisatrice par essence, contrarieroit à son tour, sous des prétextes divers, tout ce que la saine politique pourroit concevoir d'avantageux au retour et au maintien de l'ordre. Ainsi, par le fait de l'imprévoyance ou de la scélératesse, l'Etat tomberoit de convulsion en convulsion, de déchirement en déchirement, jusqu'à ce qu'il n'existât plus que dans l'histoire de la destruction des empires.

Fait en juillet 1791.

D 2

Du parti qu'une nation auroit à prendre
dans un cas donné.

LE temps, l'audace et la crainte, pour le
malheur des empires, concourent au développement et au maintien des plus criants
abus. Quand l'Etat en est flétri, il vit dans
le délire ou il végète dans l'abrutissement ;
et si, aucune circonstance, n'arrive à temps
pour le rappeler à l'honneur et à ses devoirs, il finit par tomber en lambeaux dans
les bras de ses voisins, qui, en se les
appropriant, le font disparoître sans retour
du rang des puissances.

Mais si une circonstance extraordinaire
survient toutefois à propos, pour le soustraire à cette humiliante catastrophe ; que
l'autorité suprême et la généralité du peuple,
sentent encore toute l'importance d'en tirer
avantage, la Nation doit se soumettre au
moins dangereux des trois partis, qui se
présentent pour y parvenir, et à l'un desquels il faut alors s'arrêter : Redresser par
elle-même les griefs, et statuer sur les principaux points de la chose publique ; en re-

mettre le soin à des hommes nommés par elle à cet effet ; ou en charger formelle- ment l'autorité suprême , qui, pour lors, se trouveroit en force vis-à-vis de ceux inté- ressés à la prolongation des abus.

En voulant faire tout par elle-même , la Nation jetteroit la plus grande confusion dans les affaires ; et en les embrouillant de plus en plus , attendu la difficulté toute natu- relle, où elle seroit de procéder regulière- ment , elle finiroit par n'avoir absolument rien fait.

En remettant d'un autre côté ses destinées à des hommes tirés de son sein , elle s'expo- seroit à des dangers , peut-être plus affreux que ceux qu'elle entendroit éviter : l'amour des nouveautés , la passion pour une fausse gloire , l'avidité pour le gain, le besoin de tout rapporter à leurs décisions , pour mieux se satisfaire , porteroient trop sûrement ces hommes à répandre avec adresse , sur tous les points du pays , l'inquiétude et le trouble , en faisant sentir avec plus d'art encore , pour en imposer sur les véritables causes , qu'eux seuls sont à portée et en mesure de mettre un terme à un semblable scandale, qu'ils oseroient en outre imputer à ceux qui en seroient le plus en souffrance.

En laissant au contraire à l'autorité suprême le soin d'y pourvoir par elle-même, la Nation peut aussi avoir des inconvéniens à courir ; mais entre des inconvéniens possibles et des dangers très - présumables, il n'y a pas à hésiter sur le parti que l'on doit prendre.

En s'arrêtant à ce dernier parti, les intérêts de la Nation ; ses vues que nous devons supposer raisonnables, par conséquent subordonnées à ce que comporte l'existence de l'Etat, deviendront desuite pour l'autorité suprême un sujet de travail pressant, qui ne sera d'ailleurs couronné du succès par l'assentiment du peuple, manifesté par des cris d'alegresse ou par une approbation expresse, qu'autant que le résultat en sera pour lui une source d'espérance fondée et de bonheur certain; et comme les plus puissans motifs presseront cette Autorité à ne pas se dissimuler, que c'est sur-tout dans les momens de violentes crises, qu'il faut employer tous les moyens possibles, et adopter toutes les mesures praticables, pour rendre le peuple souverainement heureux, ce qui est autre chose que de l'abuser par l'organe de ses passions, il est à croire qu'elle ne négligera rien (1), pour que son ouvrage soit vivement applaudi et encore célébré de siècle en siècle.

Fait en mai 1791.

-----

(1) Son propre intérêt, sa véritable gloire, tout ce qui peut lui être cher enfin, à moins d'un aveuglement inouï, lui en fera même une nécessité absolue.

De la première assemblée-nationale de France (1).

Du 6 décembre 1792.

Sɪ jamais peuple s'est trouvé dans une circonstance favorable, pour obtenir une liberté bien entendue, pour fixer la paix sur son sol, et y répandre un bonheur durable, c'est assurément le peuple françois, à l'époque où les embarras extrêmes de l'administration, forcèrent en 1788, toutes les classes

---

(1) Quoique mon séjour à Paris, ou dans les environs de cette ville, ait été continu depuis 1789, je n'ai pu prendre sur moi d'assister à aucune des séances des trois assemblées-nationales, ni de celles du corps législatif : les talens oratoires de leurs divers membres, n'ont pu conséquemment ni me séduire ni m'en imposer. Je n'aime point, et jamais je n'aimerai, ces endroits où les hommes curieux sont pressés les uns par les autres, comme les cheveux dans la papillotte (*qu'on me passe cette expression*) : il me faut le grand air ; et autant que les circonstances me le permettent, je fuis tous les lieux, où je ne puis respirer à mon aise ou me retourner à volonté.

Note faite en 1796.

de l'Etat à porter leur attention, sur les dangers qui chaque jour menaçoient de plus en plus la chose publique. Ah! quel est l'homme, véritablement attaché à ses semblables, qui ne faisoit pas alors des vœux pour que la France, par une réforme salutaire, devînt un grand exemple du bien que peuvent opérer l'expérience et les lumières réunies!..... Postérité! ô toi devant laquelle tous les événemens de nos jours, se présenteront dégagés de l'obscurité dont les couvrent tant de hideuses passions, tu absoudras en quelque sorte la Convention-nationale, des dispositions sanguinaires qu'elle annonce avec un appareil si terrible ; tu absoudras de même l'Assemblée législative, de toutes les cruautés exercées impunément durant son règne (1) ; mais d'un autre côté, et tout en gémissant sur l'imprévoyance de l'Assemblée des Notables, sur les mesures qu'elle arrêta, et qui ne furent ni grandes ni généreuses, tu voueras à l'exécration de l'éternité cette première Assemblée - nationale,

------

(1) Voyez le premier paragraphe du chapitre suivant.

qui ne lui a succédé, que pour ouvrir au carnage le plus vaste champ, où tous les crimes et les forfaits sont inspirés par une doctrine anarchique ; où les coupables en sous-ordre et les innocens, sont aussi infortunés les uns que les autres !

Par cette doctrine, répandue au milieu de tant de peuples, la première Assemblée nationale de France a brisé tous les liens de la société, qui finiront infailliblement par disparoître, si toutefois une main bienfaisante ne vient à temps pour les rétablir, ou si du moins la génération qui nous pousse, ne s'empresse d'y pourvoir aussi-tôt qu'elle sera en force.

Pour faire mieux valoir des principes subversifs de tout gouvernement regulier, cette Assemblée, par des farces populaires, parvint à tourner en ridicule les plus graves institutions. Pour contenir par l'effroi, ou éloigner par l'épouvante, ceux qui pouvoient la contenir elle-même dans de raisonnables bornes (1), elle autorisa l'invention d'un

____

(1) Voyez le second paragraphe du chapitre suivant.

supplice horrible et inouï, devenu encore, par son consentement, le sujet d'un cri universel d'alarme ; et pour que chacun devînt insensible sur le sort de ses proches, de ses amis, de ses voisins, elle donna à entendre, par une philantropie affectée, qu'on devoit aimer les hommes que l'on n'a jamais vûs, attendu leur grand nombre, de préférence même aux personnes qui ont mérité nos premières caresses, nos plus tendres affections !

Mais depuis que cette Assemblée a abandonné le timon des affaires, ceux que l'on connoit pour en avoir été les plus insolens meneurs, rassassiés de chair et de sang, saisis de terreur à la vue des dangers qui les menacent à leur tour, osent maintenant se plaindre, sans rougir, des conséquences toutes naturelles de leur propre ouvrage. Malheureux ! vous avez miné et sapé avec autant d'art que d'audace les principaux fondemens de la société, et vous paroissez surpris de ce qu'elle tombe en ruine ? Vous avez enflammé et armé les frères contre les frères, et vous vous récriez sur les excès auxquels ils se livrent ? Vous avez traîné dans la boue, plongé dans la désolation des familles entières, et vous vous livrez à des plaintes amères sur l'abandon où elles se trouvent ? Vous avez porté l'incendie dans tous les lieux, et vous êtes effrayés des flammes dévorantes qui s'en échappent ? Vous avez jeté les tisons ardens de la discorde dans les états de votre voisinage, et vous êtes assez pitoyables pour gémir sur les désastres qu'ils y occasionnent ? Vous avez mis votre pays dans un état continu de fureur et toute l'Europe en feu, et vous prétendez que la cause en sera imputée à d'autres qu'à vous-mêmes ? Vous mêmes et vous seuls, vous avez tout désorganisé ; tout bouleversé (1) ! Malheureux, aussi long-temps que la terre sera souillée de votre présence, l'humanité en deuil appellera sur vos têtes le glaive de la justice des hommes !

---

(1) Voyez le troisième paragraphe du chapitre suivant.

Observations relatives à l'article précédent (1).

1°. Tout en parlant de la souveraineté du peuple, la première Assemblée-nationale s'érigea d'elle-même en puissance *consti-tuante;* et sans droit légal, elle finit par donner des loix à la France, en lui enjoignant, sous l'apparence de l'invitation, de s'y soumettre avec respect. Il seroit inutile de rappeler qu'à cette époque il y avoit un Roi; car en partant du principe qui admet cette souveraineté, la nation ne pouvoit être exclue du droit de *rejeter,* ou d'*approuver,* la constitution sous laquelle elle devoit vivre. La Convention-nationale, toute puissante par la volonté expresse du peuple, a soumis, au contraire, à l'approbation générale la constitution qu'elle aussi a rédigée : cette différence, dans la manière de procéder, qui dans ces temps n'est pas apperçue, n'échappera point à la postérité

____

(1) Faites en 1796.

pour l'avantage de cette Convention, d'ailleurs si fautive. Ah! si je rapporte avec fondement à la première Assemblée-nationale, la cause de tous les maux dont l'humanité a eu à gémir, qu'on ne croie pas que je veuille indirectement faire l'éloge de la Convention-nationale et de l'Assemblée-législative! Je suis bien éloigné d'en avoir l'étrange dessein. Mais je soutiendrai toujours, que celui qui met le feu à un pays est bien autrement coupable, que ceux qui au lieu de l'éteindre, quand ils paroissent, ne font qu'en rendre le progrès plus rapide.... Si l'on veut reconnoître encore une différence sensible de prétentions, entre ces trois Assemblées, et juger par-là de leurs vues respectives, sur la nation au moment de leur début, qu'on se rappelle les dénominations qu'elles ont données à leurs Comités chargés de la partie de l'intérieur : *Comité de recherches ; Comité de surveillance ; Comité de sûreté générale.* Laquelle, de ces trois qualifications, inspire à l'instant même le plus de terreur ; laquelle, au contraire, paroissoit devoir inspirer le plus de confiance ?....

2°. Il faudroit être un sot pour mettre seulement en doute, ou bien lâche pour ne pas convenir au contraire , que les personnages de France les plus marquants, aigris par les prétentions extrêmes qu'on fit valoir à l'ouverture des Etats-généraux , n'eussent fait tous leurs efforts, s'ils y étoient restés, pour contraindre le peuple à l'obéissance et au respect. Mais auroient - ils pû , malgré leur toute - puissance , lutter avec avantage contre une nation en mouvement, et violemment animée du désir d'opérer une réforme ?... Ils pouvoient seulement empêcher qu'on parvînt à tout détruire. Toutefois il est possible, que du choc des passions la guerre civile eût éclaté ; mais quoique l'idée seule en soit effrayante, elle n'auroit pas vraisemblablement produit tous les malheurs dont nous avons été les témoins ; et certainement, elle n'auroit pas, en dernier résultat, privé le peuple de ce qu'il étoit raisonnablement en droit de prétendre. Que pouvoient alors en France les hommes puissans de la terre , en faveur d'une autorité arbitraire ?..... Dans ce moment, ils pourroient davantage : le peuple, visiblement fatigué, leur en faciliteroit aveuglement tous les moyens. Hélas ! si les écluses enlevées et les digues rompues par la première Assemblée-nationale, qui n'a trouvé nulle part de la résistance, ont laissé le plus libre passage à une mer en furie et soulevant des flots de sang; si la France en a été inondée, quel effet ne produiroit pas la *contre-révolution*, en venant, malgré la vigilance du gouvernement actuel, brusquement à s'y opérer par un coup de main habile ! Cette mer épouvantable se feroit alors jour d'un autre côté, pour inonder encore cette malheureuse contrée : les vengeances publiques et particulières à satisfaire ; le culte romain à rétablir sur des bases inébranlables ; le besoin de mesures terribles, pour étouffer dans l'ame de la jeunesse l'espoir de se soulever à son tour, nécessiteroient immanquablement le retour des bûchers et des échaffauds. Ce n'est pas tout : il n'est aucun de ces décrets, arrêtés au nom d'une liberté illimitée, et en faveur d'une fausse gloire-nationale, qui ne tournât encore à l'avantage d'une autorité sans bornes : l'aggrandissement inconsidéré du territoire, si toutefois il étoit maintenu ; l'usage déja établi de gouverner d'après un mode unique , et d'autant plus que cet usage ne peut être soutenu à la longue que par des mesures coërcitives, donneroient à coup sûr le plus grand jeu à un gouvernement , disposé d'ailleurs par tant de raisons à la violence. Les princes de la Maison de Bourbon , depuis qu'ils sont errans et malheureux, ne peuvent avoir pour les François que des cœurs d'airain. S'ils nourrissent au contraire en eux des sentimens de bienveillance et de bonté, pour cette nation étonnante, leur ame est alors au-dessus de l'espèce humaine : elle participe de la divinité.

3º. La doctrine que la première Assemblée nationale a fait valoir avec tant d'avantage, si rien n'en démontre aux hommes le danger, produira malheureusement l'un de ces deux terribles effets : l'Europe entière, dévastée par l'anarchie, sera abandonnée aux bêtes féroces ; ou, s'il est possible aux gouvernemens d'en arrêter victorieusement les progrès, cette Europe sera par eux, qui voudront alors se garantir à tout

E

prix des excès de la licence, couverte des fers pesans et ignominieux de l'esclavage ; et plus l'anarchie y aura été effrayante par sa force, plus le despotisme qui viendra à lui succéder sera dur et affreux.

Sortie contre les démagogues.

C'EST toujours sous le masque imposant du patriotisme, que les démagogues se présentent au peuple (1) pour l'entraîner dans un labyrinthe d'anxiété, où ils ne l'introduisent qu'en vue de l'égarer de plus en plus, et jusqu'à ce qu'il ait fait des trouées et des abattis, qui puissent leur faire appercevoir pour eux seuls une issue glorieuse et fortunée.

Par l'expression des sentimens les plus purs et les plus délicats en apparence ; par le ton du plus grand dévouement aux intérêts communs ; par des réflexions touchantes sur le sort pénible du plus grand nombre ; par des observations perfides sur l'inégalité des conditions parmi les hommes, les dé-

____

(1) Il ne faut pas toutefois confondre les vrais défenseurs d'un peuple opprimé avec les démagogues, qui n'en sont au contraire que les tourmentateurs. Dans mon Essai sur les gouvernemens, je crois avoir fidèlement rendu les traits qui les distinguent les uns des autres.

magogues débutent ainsi pour se former insensiblement un parti, qui chaque jour devient plus considérable par les mêmes moyens, et encore par des menées clandestines et adroites.

Quand une fois ils peuvent compter sur le zèle et la force de leur parti, ils abandonnent à leurs acolytes le soin des petits procédés ; ils se montrent plus à découvert ; ils prononcent leurs discours habilement ourdis avec plus d'assurance ; ils mettent plus de hardiesse dans leurs démarches : s'ils ne sont pas contenus à temps, le jour arrive où ils s'expliquent avec audace, où ils frondent ouvertement les autorités ; et c'est alors, que marchant en avant, ils renversent tout ce qui s'oppose à leur passage.

De succès en succès, ils vont rapidement à leur but, et ils obtiennent enfin le triomphe.

Glorieux de leur empire sur les foibles et sur les sots ; jaloux du crédit immense dont ils jouissent en superbes, ils rendent leur puissance plus sensible encore par la violence qu'ils exercent et la crainte qu'ils inspirent.

Aussi long-temps que leurs durs procédés ont pour objet ceux qu'ils ont d'abord avilis, et ensuite abattus, le peuple toujours en délire, et constamment dupe de quiconque avec adresse s'empare de sa confiance, continue de se livrer à toutes sortes d'excès.

Mais le temps vient où ces redoutables démagogues, devenus riches (1) et puissans, à la faveur du désordre dont ils ont été les provocateurs ; de grands personnages par la célébrité qu'ils ont acquise, sentent avec inquiétude et fondement, que la continuité du désordre, si rien n'en arrêtoit le cours, finiroit par les frustrer des avantages divers, que la fourberie et la scélératesse leur ont procurés avec tant d'aisance. Alors, ils songent sérieusement à retourner l'opinion générale, par des moyens aussi honteux que ceux qu'ils ont employés pour l'égarer ; ils travaillent sourdement à amener de nou-

---

(1) Si, dans le nombre, il s'en trouve d'assez fous pour consumer visiblement leur patrimoine, à se faire des créatures particulières, il ne faut pas sottement croire que de leur part tout est désintéressement. Au contraire, il faut hardiment en conclure, que leurs sacrifices pécuniaires n'ont d'autre but, que le besoin de satisfaire à tout prix leur ambition criminelle et démesurée.

velles résolutions, qui puissent, en réta-
blissant suivant leurs vues l'ordre dans l'Etat,
les laisser tout resplendissans de gloire et
paisibles possesseurs de leurs biens. Alors,
ils commencent publiquement à changer de
ton et de langage; ils cherchent, par leurs
intarissables discours, à faire prévaloir des
maximes de modération, que naguère ils
violoient eux-mêmes sans retenue ni pudeur;
ils se rapprochent, sans rougir et sans honte,
des personnes les plus marquantes, qu'ils
ont persécutées avec un acharnement scan-
daleux, pour mieux combiner les moyens de
rétablir, tout doucement, les choses sur le
pied où elles étoient quand ils se sont portés
à les détruire; enfin ils s'éloignent, et chaque jour davantage, de ce peuple qu'ils
ont indignement trompé; de ce peuple, qui
n'est déja plus à leurs yeux qu'une vile popu-
lace faite pour obéir et se taire. Eh! l'on
ne brosseroit pas rudement et à tour de bras
les gens de cette sorte!.....

Fait en Septembre 1791.

Continuation du même sujet.

Ces démagogues, vains et superbes, dominés par la cupidité et maîtrisés par l'orgueil, amortis par la corruption, se couvrent eux-mêmes d'un éternel opprobre par ce changement inattendu de conduite. Mais que penser de ceux qui ont eu le plus à souffrir de leur fureur, de leur audace, quand on les voit alors admettre dans leurs conférences, même avec des égards, ces hommes qui les ont précipités dans un abîme sans fond de douleur, et dont la seule présence devroit leur inspirer autant d'horreur que l'aspect de tous les gouffres de l'enfer ?.... O Vous ! que j'ai ici en vue, vous homme aussi foible qu'infortuné, à quoi ne vous exposez-vous pas en confiant vos intérêts à des monstres, qui ont déchiré votre sein, qui ont bouleversé votre propre patrie, et si lâchement abandonné le peuple après l'avoir rendu malheureux pour long-temps !

Fait en septembre 1791.

E 4

Ce qui précède donne lieu à ce qui suit.

Dans ce nombre d'hommes, que les uns nomment *factieux* et les autres *tribuns du peuple*, il en est plusieurs auxquels on ne peut refuser son estime, et que toutefois l'on confond avec ceux qui réellement ne méritent que le plus souverain mépris : les particularités qui les distinguent entr'eux sont vraiment remarquables.

Les uns sont des hommes exaltés, mais de bonne foi dans leurs vues ; extrêmes dans les opinions qu'ils manifestent, mais incapables d'intriguer pour les faire valoir ; durs dans tous leurs procédés, mais d'une incorruptibilité à toute épreuve ; soutenant avec violence leur dangereux systême, mais n'étant pas assez habiles pour en tirer un brillant avantage ; se passionnant pour tout ce qui peut faire vivement sentir la puissance du peuple, mais très-indifférens sur la manière dont quelques plumes vénales en entretiennent l'univers ; faisant beaucoup de bruit à quelque place qu'ils se trouvent, mais dédaignant les occasions de captiver plus par-

ticulièrement encore l'attention générale ;
trop empressés à donner leur avis, pour attendre le moment où ils pourroient l'exprimer au profit de leur propre vanité.

Les autres, au contraire, sont des hommes
dont l'exaltation adroitement composée , empêche au premier abord qu'on ne découvre
leurs méprisables vues ; dont les opinions ne
font fortune que par l'intrigue qui les sou-
tient ; dont les procédés varient suivant leur
convenance personnelle ; dont les projets dé-
sastreux éblouissent long-temps par le vernis qui les couvre ; dont l'ardeur pour tout
ce qui peut être agréable au peuple , n'est
qu'un jeu de pure hypocrisie , malgré tout
ce qu'en peuvent dire les folliculaires , chargés par eux moyennant une rétribution d'en
imposer chaque matin à l'histoire ; dont l'agitation n'est jamais plus remarquable, que
quand ils aspirent à une place exposée à tous
les regards ; dont l'attention à ne parler lon-
guement qu'après tous les autres , décèle la
grande importance qu'ils attachent aux ap-
plaudissemens, et qui sont alors d'autant plus
flatteurs, qu'étant les derniers de ceux que
l'on accorde ou qu'on prodigue , l'impression
en est beaucoup plus durable.

Ce tableau de personnages mûs par des motifs différens, n'inspire-t-il pas en effet autant d'intérêt pour les uns que d'indignation pour les autres?

Fait en septembre 1791.

Réminiscence.

Q U A N D les dominateurs d'une contrée , se virent à la veille de céder à d'autres la faculté de dire impérieusement : *cela doit être et cela sera ;* quand ils sentirent qu'il n'y avoit plus rien à gagner pour eux aux incendies, au meurtre et au carnage , alors l'un d'eux , celui qui avoit le plus contribué à mettre le feu aux quatre coins du pays, eut l'impudence de déclarer , qu'il poursuivroit les factieux de quelque côté qu'ils se présentassent ; alors un autre , qui s'étoit rendu singulièrement remarquable en sanctifiant dans ses discours un certain acte de violence ochlocratique , toujours dangereux et souvent criminel , s'éleva très-emphatiquement contre toute insurrection, qui ne rentreroit pas dans ses vues particulières et connues ; alors un troisième , qui n'avoit pas jugé le sang assez pur pour qu'on dût se faire scrupule de l'épargner, demanda avec humeur, au grand étonnement de tout le monde , si l'on vouloit ou ne vouloit pas finalement cesser d'en répandre ; alors un quatrième et un cinquième , qui s'étoient acharnés comme des furieux

sur leurs propres bienfaiteurs, se tournèrent
humblement de leur côté avec des dispositions il est vrai différentes, mais non moins
odieuses ; alors un sixième, un septième et
un assez grand nombre enfin, qui avoient
comme les autres poussé tous les esprits au
plus haut degré d'effervescence, proposè-
rent aussi très-sérieusement de mettre un
frein à leurs successeurs, pour qu'ils ne pussent les éclipser par quelques entreprises har-
dies ou par d'autres actes mémorables (1).
Alors, et aussi-tôt qu'ils furent remplacés
dans leur auguste fonction, eux tous, qui
vainement avoient essayé avec des fourches
et des poignards, d'anéantir une famille universellement considérée ; qui desuite l'avoient
traînée d'un lieu à l'autre, pour être mieux
à portée de lui faire journellement des outrages ; qui ensuite avoient eu le front de
faire ou de soutenir un rapport apologéti-
que de ce projet manqué d'égorgement ; alors,

---

(1) La résolution en fut prise ; mais que peuvent
les moyens de la crainte contre la puissance irrésis-
tible des choses ! D'ailleurs, ce n'est pas au plus
fort des convulsions, qu'on administre les calmans
et les absorbans.

dis-je , eux tous ils n'eurent pas honte de répandre des écrits langoureux ; de faire cir-
culer des lettres de doléance, et de se récrier encore avec l'étonnement de la vertu,
sur les effets inévitables de la position af-
freuse dans laquelle ils avoient si atrocement
réduit cette famille infortunée . . . . . Est-ce
au pilote à vomir des imprécations contre
l'équipage manœuvrant en désespéré , au
milieu de ces mers inconnues et orageu-
ses , où lui - même a conduit le vaisseau
avec autant de présomption que d'im-
péritie ? . . . . . Est - ce à lui encore , qui
pour naviguer autrement que les autres ,
a mis hors de service les principaux agrès du
navire ; qui a témérairement exposé le bâ-
timent à être fracassé par la foudre , éclatant
coup-sur-coup dans ces parages sauvages, à
se plaindre de ce qu'un ouragan terrible a
enfin renversé le grand mât ? . . . . .

Fait en août 1792.

Triste réflexion sur les bouleversemens des Empires.

DANS tous les Etats, sur-tout dans les pays d'une vaste étendue et chargés d'une population excessive, couverts de villes immenses et corrompues, le projet formé par un parti puissant d'y changer totalement la face des choses, d'y faire valoir de nouvelles idées et proscrire irrémissiblement celles reçues depuis des siècles, ne peut avoir son plein effet, qu'autant que les moyens à employer seront brusques, violens, tyranniques, atroces même et sanguinaires ; car si les crimes qu'un pareil bouleversement suppose ne sont pas entièrement et promptement consommés, ceux qu'on aura commis ne suffiront point à l'exécution du plan conçu : l'Etat alors, souillé de forfaits inutiles et voué conséquemment à l'ignominie, demeurera dans le trouble et la confusion, jusqu'à l'affermissement bien prononcé, ou au rétablissement absolu, de ce qu'on vouloit ou de ce qu'on aura pu détruire.

De la loi agraire.

LA promulgation de la loi agraire, n'établiroit l'égalité des fortunes que pour un très-court espace de temps : cette loi même consacreroit à l'avance l'inégalité des moyens parmi les hommes. Deux cas, évidemment inévitables, suffiront pour démontrer toute la force de cette assertion.

D'abord, et le plus équitablement possible, répartissez la surface de la terre entre tous les individus composant le genre humain (1) : chacun aura sans doute le plus grand intérêt à faire valoir le lot qui lui sera tombé en partage. Mais les uns seront débiles ou impotens, et leurs voisins joui-

______

(1) L'abbé Fauchet, que j'ai vu quelquefois au commencement de mon séjour à Paris, avoit estimé par approximation, que chaque tête de l'espèce humaine pourroit avoir en partage cinq arpens de terrein, si la loi agraire étoit un jour promulguée d'un pôle à l'autre. Cet Abbé, homme d'esprit, mais d'une grande imprévoyance, tenoit beaucoup à cette propriété de cinq arpens pour chacun de ses semblables.

Note faite en 1796.

ront de la plus robuste santé : qu'en arrivera-t-il ? Les premiers auront nécessairement recours aux bras des autres, moyennant une rétribution convenue ou supposée : conséquemment, ceux - ci travailleront de jour en jour à augmenter leurs moyens de jouissance ; tandis que ceux-là, et par le fait et d'une manière relative, les verront au contraire sensiblement diminuer. Ne voilà-t-il pas déja une des causes impérieuses de cette inégalité que détermine *le tien et le mien ?*

Dans ce partage, mis en supposition, chaque femme aura autant de terrein que chaque homme. On se mariera : un couple aura plus h'enfans qu'un autre couple ; et de-là encore, de cette source d'inégalité absolue sur le sol où la propriété est un titre de jouissance exclusive, l'insuffisance de la loi agraire, pour empêcher toute espèce de distinctions entre les familles se succédant les unes aux autres. Que les esprits inconsidérément philantropiques reviennent donc sur le compte de cette loi, qui les séduit et les abuse, et dont la promulgation ne seroit pour la société, certainement contre leurs propres vœux, qu'un sujet de trouble, de déchire-

ment et de désespoir. A quelque distance,
il est de ces précipices qui paroissent en effet
des vallons agréables ; mais en avançant et
les voyant de près, on ne découvre plus
que des abîmes sans fonds.

Du législateur Mirabeau.

Mirabeau l'aîné, qui tenoit si peu à la chose publique avant la convocation des États-Généraux, n'a-t-il pas eu l'extravagance de dire, en d'autres termes il est vrai, que pour le bonheur des hommes il faudroit arracher les bornes qui séparent les états des états!..... Si ce niveleur inconsidéré de nos jours, avoit été attaché à la société par quelques doux liens-domestiques, il n'auroit pas eu tant d'audace; et les sots, admirant toujours les charlatans, les impertinens qui les égarent et les écrasent, n'auroient pas eu alors la peine de le placer au rang des Dieux.

Mirabeau avoit de grands talens, une ame forte : il n'est personne qui n'en convienne. Mais Mirabeau manquoit de cette sensibilité, qui nous porte à mettre une différence religieuse entre le bien et le mal, et sans laquelle tout homme de sa trempe, tout homme à grand caractère, ne peut qu'être infiniment dangereux.

La sensibilité qui se concilie avec le courage, qui par cela même n'est point foiblesse, est une de ces vertus que l'on tient particulièrement des douceurs de l'éducation privée ; et malheureusement le célèbre Mirabeau, fut dans son enfance l'objet des procédés les plus durs et les plus injurieux. Hélas ! il a connu encore les peines à l'âge où l'esprit et le cœur gagnent ordinairement à en être affectés ; mais les réminiscences de sa première jeunesse ne faisant rien alors en faveur du sentiment, l'infortune pour lui n'a pu être utile qu'au développement de son ardent génie. Né pour les touchantes et les héroïques vertus, il ne s'est fait connoître que pour démontrer combien l'éducation des premiers ans, quand elle est détestable, a de puissance sur l'homme même le mieux favorisé de la nature, pour le pervertir et le corrompre à jamais. Sa vie, fera époque dans l'histoire des malheurs du monde ; et son trépas, fournira un grand sujet de compassion à l'histoire des égaremens de l'esprit humain.

Quand on pense à tous ces actes de désolation et de folie, auxquels tant d'hommes sages se sont eux - mêmes livrés à la mort de cet illustre *bouleversateur*, on ne peut en effet que gémir sur les misères et les foiblesses humaines. Mirabeau, dont le décès a été solemnisé par un deuil public , par une consternation générale et même par l'effroi , a *patriotiquement* été regretté comme un homme d'état incompable, comme étant le seul capable de sauver et de régénérer la France. Cependant , qu'est-ce qu'un homme d'état ? C'est un homme , qui , avec de petits moyens , fait de très-grandes choses ; qui établit le bien sur l'abus qu'il a détruit. Et qu'a fait Mirabeau , pour attirer sur sa tombe des torrens de larmes ; pour provoquer autour de son cercueil les cris aigus du désespoir ? Il a renversé ce qui étoit établi, pour le détruire seulement de fond en comble. Sans doute , pour entreprendre et consommer un acte semblable , il faut être adroitement populaire ; avoir de grands talens oratoires , un très-grand fond d'audace, et sur-tout d'immenses ressources pécuniaires par devers soi ou chez les autres. Mais , bien que l'on puisse avec tous ces avantages séduire la multitude et en imposer aux puissans , c'est toutefois aux hommes qui fondent ou régénèrent les empires , et non à ceux qui les bouleversent, que sont dûs les honneurs divins ou les bénédictions des peuples. *Fait en décembre* 1792.

Des Réformateurs du XVIe. siècle.

L'ouvrage des réformateurs du seizième siècle, a péché du côté des convenances. Si Luther et Calvin avoient mieux connu l'importance des signes et des mots, à l'usage d'un culte consacré par le temps, ils en auroient prudemment respecté l'emploi (1) : leur entreprise eût peut-être alors produit un effet général, ou du moins le fanatisme, n'auroit pas été si altéré du sang qu'il fit répandre à cette occasion sur tant de contrées.

En réformant le culte romain, en secouant le joug de la cour de Rome, ces docteurs n'eurent sans doute en vue, que de revenir à la primitive église, à la pureté de l'évangile. Mais en proscrivant le signe qui rappelle aux yeux le sacrifice de Jésus ; en substituant des mots nouveaux à d'autres mots connus dans la hiérarchie ; en changeant jus-

______

(1) C'est ce qu'ont sagement fait les Anglois.

qu'à la dénomination du culte (1) ; en sous-
crivant à ce qu'on appellât du dérivé de leurs
noms propres , les peuples attachés à la ré-
formation (2) , ils firent un acte impertinent
et d'autant plus inconsidéré , qu'il prêtoit à
leurs adversaires le grand avantage d'en imposer aux ignorans sur le fait même de la
réforme.

____

(1) Pourquoi ne l'avoir pas dénommé purement
et simplement : *le culte catholique-non-romain ou
le culte évangelique ?*

(2) Les souverains catholiques-non-romains de
l'Allemagne , s'expriment du moins avec décence :
Nous les Etats-Evangeliques de l'Allemagne , etc.

Observations occasionnées par l'article
précédent (1).

Depuis même 1789, depuis cette fameuse époque, où la philosophie des modernes a parcouru tous les coins pour s'emparer de toutes les têtes, où chacun a prétendu tout connoître et tout savoir, j'ai vu, en France, des hommes et des femmes qui croyoient encore bonnement, que les catholiques non romains n'étoient réellement pas des chrétiens : « Comment, *disoient-ils*, les protestans reçoivent aussi le baptême au nom du Père, du Fils et du Saint-Esprit ; ils ont comme nous le même *pater* et le même *credo* ; ils communient aux fêtes de noël, de pâques et de la pentecôte ? ..... Mais cependant ils n'ont point d'église, ils n'ont que des temples ; ils n'ont point d'évêque, de curé et de vicaire, ils n'ont que des ministres, des pasteurs et des suffragans (2).

---

(1) Faites en 1796.

(1) A cette occasion, faisons une remarque gé-

F 4

Comment , ils disent croire en Jésus ; tandis qu'ils ont toujours dédaigné les croix qui représentent celle où il a été crucifié ? Non, non ; ils ne sont pas de véritables chrétiens : ils ne sont au contraire que des protestans ou des réformés ; des luthériens ou des calvinistes. » Que répondre à cela ? .... Entrer en controverse ; discuter le fond quand la forme condamne ? Eh, que d'autres raisonnemens pitoyables, n'ai-je pas encore entendu tenir sur ce sujet par quelques Parisiens !.. Du reste, et pour le dire en passant, le peuple parisien, depuis les évènemens terribles de la révolution, n'est plus un mauvais plaisant ni un bavard donnant des nausées à tout propos.

---

nérale. Tous les mots et les noms sont composés de lettres tirées de l'alphabet ; il n'est aucune syllabe qui ait un mérite particulier : toute différence à cet égard est un grossier préjugé. Cependant, qui ignore la puissance de ce préjugé sur les oreilles même les plus philosophiques ! Les plaisanteries que l'on se permet, sur les personnes dont les noms rappellent certaines idées, n'en sont-elles pas une preuve incontestable ?......

Du mariage des Prêtres.

TELLE ou telle doctrine, observée depuis long-temps, suppose que les parties en sont liées : toucher à l'une d'elles, peut-être indifférente en soi, n'est-ce pas s'exposer à les voir fuir les unes après les autres ?

Si le mariage étoit permis aux prêtres du culte romain, la confession inspireroit chaque jour plus de défiance : l'on s'y soustrairoit ; l'absolution ne seroit pas donnée, et l'on ne communieroit point.

Si, en leur permettant de se marier, on prétend toutefois maintenir la confession, c'est vouloir plus qu'on ne peut (1).

____

(1) La première assemblée nationale de France, tantôt par ses fausses et tantôt par ses demi-mesures, a tout perverti, tout perdu. Si elle vouloit conserver à l'État son culte, et permettre en même temps aux prêtres de se marier, pourquoi n'a-t-elle pas rendu la communion indépendante de la confession auriculaire ? Ce seul acte, qui rompra le principal ressort de la puissance du clergé, si jamais on vient à s'y arrêter universellement, auroit suffi pour concilier le culte avec tout ce que cette assemblée pouvoit faire

Si, en les appellant à l'état du mariage, on en prévoit les conséquences immédiates et que l'on en prenne son parti, ce n'est pas tout encore : il faut aussi en prévoir les conséquences lointaines ; et si le tout est prévu, alors ce n'est plus à telle ou telle chose qu'on déroge, mais c'est à la proscription du culte qu'on en veut venir par des voies indirectes.... Un état sans culte ! Est-il possible, que dans le nombre des hommes honnêtes e instruits, il s'en trouve d'assez aveuglés pour croire, que, sans un culte quelconque, un

de raisonnable en faveur de la philosophie. Eh, qu'on ne dise pas d'un autre côté, que la confession auriculaire est le plus sûr garant de la morale du peuple : cette opinion ne peut en imposer qu'aux gens qui ignorent, que dans les Etats évangeliques, les crimes, les supplices, sont aussi rares qu'ils sont fréquens dans la plupart des pays soumis au rite de l'église romaine. Il est vrai cependant, que l'instruction publique y embrasse gratuitement les différentes classes de la société : la multitude y est profondément pénétrée de l'idée d'un Dieu, qui est présent par-tout, qui voit tout, à qui rien n'échappe, pas même les pensées les plus secrettes, et auquel chacun sera tenu un jour de rendre rigoureusement compte de sa conduite.

Etat pût seulement exister pendant deux générations de suite !

P. S. Je supprime les raisons, que j'avois ici déduites, sur la nécessité d'admettre le divorce dans les états où il n'existe point de couvent de femmes : ces raisons avoient principalement pour objet, l'honneur et le repos des familles. Néanmoins, je remarquerai sur la loi du divorce, que plus on mettra de solemnité dans l'exécution de cette loi, moins elle sera dangereuse, que plus on la dégagera d'un grand appareil, moins elle sera imposante : il importe cependant qu'elle le soit ; car tout ce qui pourra lui procurer cet avantage, en la préservant des abus qu'on en redoute, tournera infaillible-ment au profit des mœurs.

Du Culte romain.

QUOIQUE je sois né catholique non-romain, j'ai eu jusqu'à ces derniers temps une véritable affection pour l'église romaine (1) : le culte de cette communion, se prête singulièrement au besoin d'une ame souvent entraînée à la tristesse. D'après cet aveu, qu'il me soit permis de parler rapidement sur quelques points et sans aucune espèce de déguisement.

Les communautés de religieux non-cloîtrés ; de ces hommes amphibies, tantôt dans le monde, tantôt dans la retraite, sont en général, soit dans les villes ou près des villages, l'école de la dépravation des mœurs.

Dans plus d'un endroit, à l'exception formelle de la Savoie (2), plusieurs de ces communautés ont été à mes yeux non-prévenus le sujet d'un grand scandale. Mais les char-

(1) Voyez le premier paragraphe du chapitre suivant.

(2) Voyez le second paragraphe du chapitre suivant.

treuses, ces profondes solitudes, où l'homme est tout à lui-même et à son Dieu ; où les attraits de la société ne se reproduisent que comme un songe, je ne les ai vues de près que pour être pénétré de leur conduite édifiante (1).

..... . Eglise romaine, conserve tes mystères inexplicables, dont une partie est demeurée pour les églises évangeliques le sujet de la plus haute dévotion : l'impossibilité de les comprendre, n'intéresse aucunement le bonheur des peuples. Mais convertis en retraite absolue toute espèce de couvens d'hommes ; ferme à jamais tes cloîtres, à ceux qui sont encore dans la fougue de l'âge et la tourmente des passions ! Ote sur-tout, et sans plus tarder, aux prêtres qui ne sont pas amortis par les ans, le droit de siéger au tribunal de la pénitence : sinon, les mères qui maintenant divulguent les détours abominables, qu'emploient les confesseurs tourmentés par l'aiguillon de la chair, pour séduire et corrompre l'innocence, en dévoileront plus har-

---

(1) Voyez le troisième article du chapitre suivant.

diment encore tout l'odieux ; afin que la jeunesse, par la défiance universelle qui en résultera alors, n'en soit plus déconcertée ou la malheureuse victime (1).

---

(1) Voyez le quatrième article du chapitre suivant.

Observations occasionnées par l'article précédent (1).

1°. D'APRÈS ce que j'ai vu, entendu et observé en France, mes sentimens affectueux pour l'église romaine ont dû nécessairement diminuer chaque jour davantage : c'est aux prêtres de ce pays, que je dois ce changement de disposition. Quoi qu'il en soit, je les divise en trois classes distinctes les unes des autres : l'une, que je crois la moins nombreuse, et dont quelques individus me sont parfaitement connus, est composée d'hommes dignes à tous égards de la plus grande vénération ; l'autre, comprend ces prêtres *constitutionnels*, qui varient sans cesse au gré des circonstances ; la troisième, renferme ces prêtres *réfractaires* ou hypocritement constitutionnels, qui se réjouissent tous bas , par l'espoir de quelque rétour violent , des excès irreligieux auxquels on se livre publiquement sous l'empire déplorable de l'athéisme. Sui-

---

(1) Faites en 1794.

vant ces derniers , mieux vaut l'anéantisse-
ment de tout culte , qu'une réforme dans l'é-
glise opérée même par des voies légales.
Quel blasphême ! . . . . . .

2°. Le clergé et les ordres religieux de
Savoie , par la simplicité de leurs mœurs ,
étoient assurément des corps respectables :
il est vrai , qu'on y remarquoit par-ci par-là
quelques vauriens ; mais ils étoient en si petit
nombre , et si bien connus , que le mépris des
honnêtes gens en faisoit bonne justice. Sous
la puissance de Robespierre , la terre a été
purgée de l'un d'eux.

3°. *Proscrivez , sans distinction ; abat-
tez , sans miséricorde ; tous ces couvens
où la fainéantise seule trouve son compte !*
Ainsi s'expriment les grands raisonneurs de
nos jours , qui ne veulent pas se rappeler ,
que c'est aux ordres religieux , que sont dus
les lumières de l'Europe et le défrichement
des terres. Hommes si laborieux ! vous
dont la vie seroit un fardeau , sans tous ces
plaisirs bruyans qui exigent en effet beaucoup
de soins et de travail , apprenez à réfléchir
avant de vous permettre de prononcer avec
tant d'aisance !

Sans entrer dans les détails militant *pour* et *contre* les institutions d'ordres religieux, nous observerons seulement, que ni les uns ni les autres de ces détails, ne peuvent être raisonnablement soutenus qu'avec de très-grandes réserves. En réduisant le nombre immense des monastères, en frappant d'une réforme austère tous les abus qui s'y sont successivement introduits, on feroit sans doute beaucoup mieux, que de les conserver sans réduction et encore sur le pied où ils se trouvent. Mais en les supprimant tous et sans retour, sur-tout dans les pays où le culte romain est celui de l'Etat, on se mettra peut-être dans la nécessité d'aller beaucoup plus loin qu'on ne pense . . . . . Les cloîtres ! Ah, tant que les pays conserveront de ces demeures où l'on peut se placer entre la vie et la mort, on ne verra pas si fréquemment les hommes infortunés recourir au suicide, pour se soustraire à un monde devenu à leurs yeux plus exécrable que l'enfer même ! . . . .

4°. C'est en maintenant les abus révoltans, que l'on concourt soi-même à la perte totale de l'objet d'où ils dérivent.

G

Si les prêtres, pleins de concupiscence, ne sont pas formellement exclus du droit de pénétrer dans les plus secrettes pensées, la confession auriculaire, déja publiquement avilie, ne tardera pas à devenir universellement odieuse : le trait, que nous allons découvrir, suffira sans doute pour en convaincre.

Quand une jeune pénitente, à l'âge touchant de l'inexpérience, manifeste quelque embarras sur les puérils aveux qu'elle doit faire, le confesseur, égrillard et adroit, prélude par un soupir et lui dit avec onction : *allons, ma sœur, courage ; ayez confiance en moi : je suis par mon ministère la Divinité en personne.* Alors, la sœur s'épanche ; et suivant l'espèce de secret révélé, l'insinuant directeur lui fait observer bien doucement, que de lui à un autre homme il n'y a que la robe de différence. D'après ce début, qu'on juge du resté.

Qu'on n'infère pas toutefois de cette sortie contre certains prêtres, indignes des fonctions qu'ils exercent, que j'entende me permettre aucune réflexion irrévérente sur les usages de l'Eglise. Non, sans doute : le chapitre suivant, où je m'élève contre les détracteurs de la religion, et les avilisseurs des ministres qui en desservent les autels, me mettra, je l'espère, pleinement à couvert d'un tel soupçon. Au surplus, il ne peut y avoir de profanation à dévoiler les plus insignes des profanateurs.

5°. S'il est des confesseurs qui sont aux femmes ce que le serpent fut à Eve, il est aussi des femmes qui sont aux prêtres ce que Putiphar fut à Joseph : voici, entr'autres choses, un sujet digne de remarque.

Les personnes du sexe, qui affectent en public la plus grande dévotion, ont une prédilection toute particulière, pour les confesseurs aimables et sur-tout bien constitués : il leur faut, à ces dévotes voluptueuses, un directeur plutôt capable de les secourir dans leur foiblesse que de les mettre sur la voie du salut. A cet égard, et pour l'honneur des mœurs, le public ne devroit pas être si indifférent sur la conduite de ces hypocrites vraîment impies : il devroit au contraire s'enquérir avec soin de l'âge des prêtres qui les confessent ; afin que la connoissance qu'il en auroit, pût lui servir de règle pour traiter

comme elles le méritent toutes ces péniten-
tes à prétentions, qui ne cherchent, ne
voient et ne trouvent la divinité que dans
l'homme.

Des philosophes du jour (1).

IL est écrit quelque part : *il faut con-vaincre les esprits et non contraindre les opinions.* Quoique cette maxime soit forte-ment recommandée par la sagesse, elle n'a pas moins été violée au nom d'une religion, qui seroit détestable si la charité et la mo-dération n'en caractérisoient tous les pré-ceptes.

Par la doctrine de cette religion, tous les hommes sont invités à vivre fraternellement ensemble; mais à la honte de la plupart d'en-tr'eux, ils ne l'ont professée qu'en fanatiques intolérans. Or, tout fanatique est persécu-teur; et là, où la persécution religieuse se fait impunément sentir, la religion paroît en con-tradiction avec elle-même.

---

(1) Les scènes extravagantes, auxquelles on s'est porté en France et notamment à Paris, durant les deux premières années de la révolution, mais dont on a fini par sentir le ridicule après des excès prolon-gés, ont donné lieu à plusieurs traits que présente cet article sur les philosophes du jour. *Note faite en 1795.*

G 3

Maintenant, philosophes du jour, apportez votre offrande ! Vous aussi, vous êtes des fanatiques et des hommes intolérans ; et dans les preuves multipliées que vous en donnez, l'esprit de légèreté et d'imprévoyance perce encore de toutes parts. En sapant d'une main téméraire tout ce qui tient au christianisme, avec l'autre ne préparez-vous pas les matériaux propres à élever un jour des autels au paganisme le plus honteux ?

Par vos écrits et vos menées, et avec autant d'aigreur que de passion, vous répandez des opinions nouvelles, des maximes inconnues, toutes destructives de celles qui ne sont plus les vôtres : voilà votre fanatisme.

Si des hommes, attachés à tel ou tel culte, en ont persécuté d'autres qui ne vouloient pas en faire le sujet de leur adoration, vous, philosophes, vous ridiculisez avec les traits les plus déchirans, et maltraitez même avec une dureté réfléchie, quiconque ose avouer qu'il a confiance en des choses auxquelles vous ne croyez point : voilà votre intolérance.

Mais voici vos folies remarquables et vos foiblesses philosophiques :

Jaloux d'avoir sous les yeux la ressemblance de certains personnages - illustres , fameux par leur génie et leurs égaremens , dont la mémoire ne vous est chère que parce que vous suivez leurs traces , avec l'espoir peut - être de les surpasser en force et en moyens , vous en rassemblez les figures diverses avec autant d'ostentation que d'idolâtrie , et sur-tout pour avoir l'occasion de porter les autres à se former près de vous une idée sensible de la beauté de vos modèles.

Un de vos coryphées vient-il à disparoître ? Aussi-tôt vous en faites faire le buste , et de-suite vous l'exposez dans tous les lieux publics; et là , une foule d'imbéciles , étonnée de cette apparition , séduite encore par vos discours , se sent pénétrée d'attendrissement à la vue de ce puéril objet auquel vous-mêmes vous rendez de si pitoyables hommages !

La politique vous occupe-t'elle ; en étourdissez-vous la multitude ? D'abord vous faites gravement porter le long des rues , à travers les carrefours , les figures d'autres grands hommes , qui, suivant vous, ont découvert des principes salutaires et inconnus jusqu'à eux, ou qui étoient à la veille d'assurer le

G 4

bonheur national par de nouveaux prodiges, quand tout-à-coup, des revers imprévus les ont si fâcheusement arrêtés dans leurs importans travaux!

Qu'arrive-t'il de toutes ces extravagances? Le peuple, avec transport et ensuite dans un sombre recueillement, contemple ces sujets de tant de gloire; et comme de la contemplation à l'adoration il n'est qu'un pas, la première circonstance suffira pour faire passer le plus grand nombre du christianisme à l'idolâtrie.

Qu'on l'observe: l'empire des préjugés est indestructible! Quoi que l'on fasse, la multitude, soit dans un temps, soit dans un autre, éprouvera tumultueusement par fois de ces terreurs insurmontables, qui la porteront irrésistiblement à s'élever par instinct aux choses surnaturelles.

La philosophie de ce siècle, ayant avec succès jeté à pleines mains du ridicule sur les autels de l'évangile, remportera tôt ou tard un triomphe éclatant sur le christianisme; et le peuple, ne voyant plus alors dans l'histoire de Jésus qu'un tissu grossier de fables, après l'avoir révoquée depuis long-temps en doute, en reniera formellement la divinité, dont l'idée profonde faisoit toutefois ses plus grandes consolations.

Cela se conçoit. Quand les ministres d'un culte, sans distinction, ont une fois été vivement atteints par les ironies fines ou amères des beaux esprits; fortement avilis par les sarcasmes des mauvais plaisans; quand une fois ils sont en butte au mépris et aux risées de la multitude, la religion perd chaque jour de ses avantages, et ses merveilles finissent par être considérées comme de pures chimères.

Mais si le peuple, par cette suite toute naturelle d'effets, vient à ne voir que des impostures, dans cette religion qu'il avoit auparavant crue toute divine, cet acte ne sera point de sa part une résolution réfléchie de n'embrasser aucun culte nouveau. Au contraire, toujours susceptible d'épouvante à la vue de dangers imminens, il demeurera avec le besoin de se mettre en imagination sous la sauve-garde de quelques puissances invisibles; et si une génération s'est passée sous cette incrédulité, qui lui a fait réprouver le Dieu de ses pères, n'en ayant plus qu'une foible et méprisable idée,

il se tournera avec frayeur, à la vue ino-
pinée de quelque évènement lamentable, du
côté de ces brillans génies, dont les lumières
ici bas firent connoître de trop belles choses,
pour que leur puissance, sur ce malheureux
monde, ait pu être anéantie avec leur organisation terrestre. Ainsi donc, il ne faudra
plus à ce peuple qu'une circonstance cala-
miteuse, pour l'agiter, l'enflammer et le
déterminer en faveur de la prétendue divinité de ces hommes, qui naguère étoient
eux-mêmes les objets de toutes les misères
de la vie. Rien n'est plus vraisemblable que
cette révolution dans les esprits, si jamais
l'universalité des chrétiens se laisse entraîner
par le système des philosophes de nos jours.

Après avoir couvert de boue un culte qui
disposoit merveilleusement l'infortuné à se
résigner avec courage ; après avoir stupide-
ment vénéré la mémoire de ces soi-disant
régénérateurs du genre humain ; après en
avoir considéré les restes comme étant une
espèce de dieux pénates, la multitude, sou-
dainement effrayée par quelque grande catastrophe, invoquera dans sa détresse les
ombres de ces hommes si vantés ; et si, dans
l'excès de son délire, une lueur d'espérance

vient à la faire tressaillir de joie , la supers-
tition , s'emparant aussi-tôt d'elle , la pres-
sera d'élever des temples à ces divinités nouvelles , qui désormais seront les idoles sacrées
du culte qu'on y établira. Voilà, philosophes
du jour ; voilà cette idolâtrie, dont vous aurez
fourni les élémens sur les ruines même du
christianisme , renversé par l'opinion que vos
écrits téméraires et vos menées scandaleuses
auront formée et répandue (1).

---

(1) Quelle que soit la tournure que prenne en
France la révolution qui s'y est opérée , tout annonce que les principes d'où l'on y est parti influeront
sur le sort des siècles à venir : les suites en sont incalculables. Quant à la France , comme l'on ne peut
se dissimuler, que depuis une certaine époque les
opinions y vont d'un train de poste, par des chemins
détournés , à ce qu'on nomme *la contre-révolution* , il est à craindre , que le peuple en revenant
sur ses pas , ne s'éloigne d'un excès que pour tomber
malheureusement dans un autre et toujours avec un
sentiment de fureur. Ah ! si cette marche retrograde ,
dans la supposition qu'elle soit inévitable , n'est pas
raisonnée et réfléchie , ce peuple , redoutable et im-
pétueux , aura pour long-temps à gémir sur son éternelle facilité à ne rien faire qu'avec enthousiasme et
violence ! Le rétablissement du christianisme , qu'on
y a proscrit un jour avec une imprévoyance inouie ,
servira de prétexte aux mesures terribles que l'on
prendra alors pour se venger plus sûrement. Mais
si cette marche retrograde...... Arrêtons-nous ; car
il est de notre devoir de n'en pas dire davantage.
Note faite en 1795.

Du Culte religieux.

Un culte religieux dont la doctrine ne roulera peut-être que sur de sensibles préjugés, sera toujours par essence la clef ou le conservateur de tout édifice social.

Si, à l'époque de leur indépendance, les treize Etats-Unis de l'Amérique ont manifesté la plus grande indifférence pour un culte quelconque, en les admettant tous indistinctement, l'on ne sauroit en tirer un argument assez puissant pour combattre la proposition que nous venons d'établir : comme cette république est encore à l'aurore de sa carrière, c'est au temps, et au temps seul, de prononcer à cet égard sur l'habileté ou sur l'imprévoyance des législateurs qui l'ont instituée.

Ici bas, la sagesse peut très-bien être connue et pratiquée, sans que toutefois elle puisse y régner universellement et moins encore d'une manière absolue ; et si la philosophie, par ses raisonnemens ou ses déclamations, peut successivement proscrire les préjugés même les plus invétérés, jamais elle ne pourra en détruire la source dans ce monde de foiblesse , où les passions, toujours si actives et si ingénieuses , leur fourniront sans cesse les moyens de se reproduire sous des dehors divers. Les passions ont un empire immense parmi les hommes ; et comme la philosophie ne peut pas les soumettre à une mesure fixe , il faut enfin reconnoître, ce que l'histoire des peuples civilisés atteste d'ailleurs à chaque page , qu'un culte religieux , par la magie de sa puissance , est seul capable de les contenir aussi bien et autant qu'il est possible : c'est en faisant tourner les effets produits par les passions contre les passions elles-mêmes, que la doctrine d'une religion excelle sur les préceptes méthodiques de la philosophie.

Portrait d'un homme d'Etat.

Si les grands législateurs sont des hommes rares, les grands hommes d'Etat, que l'on ne peut reconnoître que dans les positions périlleuses, sont plus difficiles encore à trouver.

Très-assurément, dans le cours ordinaire des affaires, tous les procédés politiques doivent être soumis aux règles sévères de la morale ; mais dans les temps extraordinaires, dans ces temps où l'état est sur-tout menacé de quelque catastrophe, l'homme dont la place et l'heureuse réputation le mettroient à portée d'en devenir le libérateur, en manqueroit la précieuse occasion s'il prétendoit réussir avec les seules armes de la *morale* (1) : son erreur

---

(1) Une grande partie de cet article a été rendue publique, le 8 janvier 1796, par la voie d'un journal très-connu. A la place de ce mot : *morale*, auquel cette note se rapporte, on substitua à l'imprimerie celui-ci, *parole*, que je ne saurois adopter. Sans doute, la manière dont je m'exprime dans cette occasion est extrêmement hardie ; mais il n'en est aucune autre, suivant moi, qui pût rendre mon idée si sensible.

şeroit extrême. Ah, ce n'est pas dans ces jours où toutes les passions sont en effervescence, que les sermons et les petits moyens procureront des triomphes ! Au contraire, quand le vaisseau de l'Etat, par les tourmentes des factions ou par telle autre cause, est jeté au milieu des écueils, sur le bord de quelque gouffre, il faut particulièrement avoir recours, pour l'arracher au péril imminent auquel il est exposé alors, à toutes les ressources de la politique la plus profonde. Oui; de la politique la plus profonde et qui réclame, pour être mise en jeu, un homme à grand caractère; capable de braver héroïquement les peines et de surmonter, avec autant de célérité que d'éclat, tous les obstacles qui paroîtroient devoir l'arrêter dans sa marche étudiée et sûre; un homme habile et pénétrant, pour amener, sans qu'on s'en doute, les circonstances qui doivent concourir au développement de ses vues; connoissant assez les hommes, pour les conduire, et au besoin les maîtriser par leurs propres passions; enfin un homme ayant un grand fond de sagesse, pour que ses moyens de salut public ne soient réellement pas odieux.

Où trouver au besoin un homme si recommandable ? .... D'un autre côté, quand on pense à cette réunion de qualités et de talens, à laquelle on peut reconnoître sans prévention le grand homme d'état, l'on est toujours étonné de ces louanges prématurées et sans mesure, ou de ces censures amères, auxquelles on se livre et que l'on se permet, en faveur de ceux et contre ceux, qui sont appelés à jouer dans les Etats des rôles si difficiles.

L'homme, par exemple, qui auroit l'esprit habile de Mazarin, l'ame forte de Richelieu, les talens et le cœur vertueux de Sully, seroit dans l'occasion le grand homme d'état. Avec l'esprit de Mazarin, il ne perdroit jamais de vue le but qu'il se seroit proposé; avec l'ame de Richelieu, il donneroit à ses moyens un caractère imposant; et avec les talens et le cœur de Sully, il finiroit par enlever tous les suffrages, en répandant à pleines mains l'alégresse et le bonheur.

———————

D'un législateur.

Si l'homme d'Etat ne déploie jamais mieux ses talens que dans le tourbillon des affaires, où il doit lutter avec avantage contre les vues et les intérêts divers, qui toujours se croisent ou s'entrechoquent du plus au moins, le législateur ne développe jamais mieux les ressources de son génie que dans le silence de la méditation (1).

Pour mettre au jour un grand œuvre, un législateur doit avoir une connoissance approfondie du cœur humain; il doit connoître l'étendue de la puissance des choses sur les passions, et savoir jusqu'à quel point il peut aller pour les concilier raisonnablement ensemble; il doit enfin avoir beaucoup de sagacité, pour juger à l'avance de tout

____

(1) Rien, sans doute, n'est plus étonnant, que ces hommes qui ont été tout à la fois grands hommes d'Etat, grands législateurs et encore grands capitaines. Il n'appartenoit qu'au XVIII.e siècle, à ce siècle de raisonnemens sans philosophie, de produire une multitude de personnages ayant la prétention d'être tout cela en même-temps.

H

l'effet que ses loix sont appelées à produire: sans génie, sans talent, un législateur n'est qu'un fléau pour la société, qui espère d'ailleurs en ses lumières. Que sera-ce encore, si *loyauté*, *moralité*, *délicatesse*, *désintéressement*, ne sont pour lui que des mots bons à employer dans un discours, un préambule ou une proclamation!

Du calcul et de l'enchaînement de ses effets (1).

LE calcul, fécond en ressources, est un auxiliaire adroit, avec lequel *le peu* sur le champ financier attaque *le beaucoup*.

Sur ce champ de hausse et de baisse, et où l'égalité est conséquemment proscrite, la bonhommie est d'abord mise hors de combat;

(1) Près de livrer à l'impression cette partie des *Soirées d'un Solitaire*, j'ai plus vivement éprouvé le désir, qui ne m'a jamais abandonné durant mes veilles, d'en faire succéder les articles les uns aux autres avec une sorte de régularité : les principaux fragmens des *Pensées diverses*, que je pouvois prendre pour sujets de nouveaux articles, m'en fournissoient assurément un grand moyen. Mais pour le faire avec avantage, attendu le travail immense que cette tâche m'auroit imposé, il auroit fallu que je fusse assez dégagé des circonstances pénibles de la vie, pour y consacrer tout mon temps et sans aucune interruption. Au surplus, si je me permets ce nouveau détail, c'est pour me justifier du peu de rapport que l'on trouvera entre des articles placés immédiatement les uns après les autres, et notamment entre celui-ci et cet autre qui le précède.

le calcul marche en avant, la ruse l'accompagne ; *le beaucoup* est dans le doute, il paroît se tenir sur ses gardes ; la cupidité le délivre toutefois de ses craintes ; l'espoir de part et d'autre anime les parties, l'action s'engage : *le beaucoup* perd de ses forces, il est réduit ; le désespoir s'en empare. *Le peu* triomphe, il s'enorgueillit de ses succès ; la vanité ajoute à sa victoire ; l'ambition ne l'abandonne point ; les soucis, les inquiétudes s'engagent à son service personnel : il continue à poursuivre ses plans de conquête, avec ardeur et jusqu'à ce que forcé par les vicissitudes de rétrograder, il soit humblement revenu au point d'où il étoit avantageusement parti.

De cette sortie, bizarre peut-être, nous allons voir que c'est au calcul, que tient en effet l'enchaînement de ces biens qui nous abusent, et de ces maux qui nous accablent si pesamment.

Par ses combinaisons ingénieuses et perfides, le calcul a donné une valeur ou une importance à des choses qui naturellement n'en ont point. Le numéraire qui en a résulté, a rendu *le tien et le mien* beaucoup plus sensible ; et le papier, qui supplée au numéraire, a particulièrement facilité les opérations du commerce lointain.

Ce commerce, en attirant dans tous les lieux des productions de toutes les contrées, a fait paroître des jouissances dont l'attrait a d'abord frappé les sens : ces jouissances, une fois connues, ont violemment inspiré le désir de se les procurer ; satisfait à quelques égards, l'homme a plus vivement senti la privation de ce qui lui manquoit encore. Dès-lors, les besoins impérieux ont pullulé de toutes parts pour le malheur du plus grand nombre.

Aussi-tôt que les besoins nous ont fait rechercher les productions étrangères au sol que nous habitons, les campagnes, ces séjours de paix et d'innocence, sont presque devenues désertes ; la simplicité des mœurs, cette mère de toutes les vertus, a disparu comme un songe ; les villes, ces magazins de toutes choses, ces théâtres de l'opulence et de la misère, de l'abondance et de la famine, de la grandeur et de l'abjection, ont renfermé une multitude effrayante ; le luxe, qui séduit, qui dévore, a bouleversé toutes les têtes ; et la fermentation qu'il y a occasionnée, en corrompant les cœurs, a produit tous ces vices qui tourmentent les sociétés et dégradent ceux qui les composent. Ainsi, et à partir des premières combinaisons du calcul, le numéraire et le papier qui lui sert de supplément ; le commerce, les jouissances, les désirs, les besoins, les villes, le luxe, toutes ces choses enfin qui ont perverti si profondément l'espèce humaine, ont formé et entretiennent cette longue échelle de relations, placée entre les hommes de tous les climats, où les vapeurs de la félicité et le poids des calamités montent et descendent sans cesse.

Description du pays de Caux.

L'esprit se délasse par la variété des objets qu'il soumet à son application.

Pensées diverses.

Ce pays, si bien placé dans la *ci-devant* Normandie, est la terre nourricière de femmes peut - être plus ravissantes que celles des environs du Caucase : l'imagination ne sauroit rien ajouter à l'éclatante beauté des Cauchoises.

Autour des vergers de ce canton, où l'humble verdure est souvent caressée par l'aimable fraîcheur, les garçons des villages et les filles des hameaux, ne s'abordent, ne sont ensemble, et jamais ils ne se séparent, qu'avec une honnêteté remarquable et une décence vraîment enchanteresse : une sorte de civilité entre les gens de la campagne, est à notre avis souverainement favorable à leurs mœurs.

Le sol du pays de Caux est bon, la végétation y est riche ; et chaque maison champêtre, entourée de haies, d'arbres, de jardins, de champs et de prairies, présente une retraite simple, toujours paisible et infiniment agréable. Hélas, il n'en est pas ainsi de ces habitations décorées par le luxe ; de ces sombres palais que la magnificence distingue, où l'insipide regularité vous pénètre au premier abord du plus mortel ennui !

Fait en octobre 1792.

Tableau des rives Chablaisiennes du lac de Genève.

(Dans le manuscrit, cet article a une introduction, que je n'ai pas crue nécessaire à l'extrait que j'en donne.)

Non loin du lac de Genève, de cette nappe ondulée et toujours enchanteresse par la beauté de ses bords; sur la rive droite de la Drance (1), entre les villes de Thonon (2) et d'Évian (3), est un tableau champêtre, un riche amphithéâtre, parsemé de simples métairies, d'habitations riantes, de hameaux entourés de haies agrestes et fortes, nommé le coteau ou la colline de Champange, et offrant encore à la vue, un mélange agréable de prairies arrosées, de vergers irrégulièrement plantés, de vignes éparses et de champs cultivés ou couverts de moissons.

-----

(1) Torrent bourbeux, venant de la montagne, et terminant sa course au lac de Genève.

(2) Capitale de la province de Chablais.

(3) Autre ville considérable de la Province.

Les chemins tortueux, qui la parcourent en sens divers sous des ombrages sombres, sont bordés de toutes sortes d'arbres, où les hôtes des bois du pays d'alentour, se rassemblent en foule pour chanter à l'envi les délices de ce lieu. Sur les rameaux obscurs, près de ruisseaux plaintifs, le rossignol prélude à petit bruit tristement prolongé (*tiû*, *tiû*, *tiû*), et tout-à-coup il éclate à voix pleine et sonore; sur le sapin pyramidal et noir, le merle audacieux élève aussi la sienne; sur la cîme des chênes, le coucoû solitaire fait retentir au loin les sons qu'il articule; autour des tiges couronnées de bons grains, le turbulent moineau est dans toutes ses joies; sur les branches fleuries de l'arbre portant fruit, le pinson coloré, toujours avantageux, frédonne, chante et fait souvent des pauses pour mieux se faire valoir; sur le tilleul touffu, la chaste tourterelle roucoule paisiblement; sur le frêle arbrisseau, la fauvette charmante, modestement gazouille des airs mélodieux. Heureux oiseaux de la colline de Champange!..... Là, et gaîment, ils caquettent, ils sautillent, ils s'agitent; et sans confondre les espèces, tous agissant de concert, ils s'approchent en folâtrant les uns des autres, ils se béquettent à petits coups tendrement répétés, ils s'embrassent avec transport et s'entrelacent avec autant de volupté que de force, pour laisser et recevoir l'empreinte de l'amour, qui les perpétue délicieusement ainsi de génération en génération.

De Thonon à cette colline si pleine d'attraits (1), on suit une chaussée courue par un double rang de sycomores, qui ne la quitte au pont de la Drance, qu'après avoir ombragé en passant la chapelle de Thuyzet, et tourné sur la gauche les bocages solitaires de la chartreuse de Ripaille.

En-deçà de ce pont, on traverse le village de Vongi, où se trouve, à la suite d'une avenue, le gothique château de la famille de ce nom. Placé sur le rivage du lac et l'embouchure de la Drance, cet édifice jouit d'une vue incomparable, par la variété des lieux et l'immensité des objets, que présentent dans le lointain les trois républiques de Berne, de Genève et du Valais.

---

(1) De la rive opposée, on voit cette colline dans tout son éclat, et particulièrement du village de Glans, situé entre les villes de Rolle et de Nion.

Remarquable par son étendue, sa hauteur prodigieuse, ses énormes et innomblables dé... par des terrasses élevées, qui le garantissent de l'accroissement et du débordement des eaux, il excite de toutes parts le désir de s'y transporter, pour en contempler d'abord l'étonnant aspect, et pour convenir ensuite, qu'en effet rien au monde n'approche en grandeur et en majesté de cette antique demeure.

Son origine qui se perd dans la nuit des temps, y exige une fois chaque siècle la présence d'une multitude d'ouvriers, pour que les ponts-levis qui l'avoisinent, les colonnes et les pilastres qui le soutiennent, les appartemens qui le composent, et les cheminées de toutes les formes qu'on y observe plus attentivement quand l'hiver est venu, soient d'âge en âge transmis en bon état. Alors, les visites y sont suspendues ; car de tous côtés et dans tous les coins, l'on y est pendant nombre de mois dans le sable et la chaux, dans le mortier et le plâtre ; entouré de monceaux de pierres de toutes les grosseurs, de boiserie en pièces, de barres de fer et de fragmens de verre jetés à l'aventure, de papier déchiré ou encore en rouleau, et de pots de vernis que le pinceau emploie quelquefois avec art.

Ce vieux château de la terre de Vongi, n'est séparé de la colline de Champange, que par la Drance qu'on traverse sur un pont de pierre long et étroit (1).

Du milieu de ce pont, en portant les regards au fond de la vallée d'où la rivière avance, l'on voit des côtes solitaires (2), des bois lugubres et noirs, et les antres sauvages, où ce torrent, écumant de furie, fait sourdement entendre le bruit de sa course vagabonde. Jamais il n'échappe du sombre lieu qui l'a vu naître, que pour frapper en avançant, et entraîner avec fracas ou engloutir dans les abîmes, tout ce qui ne peut sur son passage le dompter dans ses écarts et ses fureurs.

Cependant, à l'approche de solides arcades servant à soutenir le pont, cette Drance, jusque-là si redoutable, couverte d'écume

____

(1) Ce pont est parfaitement semblable à celui de Saint-Cloud, près de Paris.

(2) C'est dans ce quartier, qu'on trouve la grotte de Féterne célébrée par Voltaire.

ou noire encore de ses victimes, paroît en craindre la rencontre par la marche lente qu'inopinément elle observe alors. Mais près de se voir arrêtée dans ses débordemens anarchiques, par ces rangées de rocs qui déja la menacent de front, et toujours orgueilleuse de ses précédentes et déplorables victoires, qui tout-à-coup vont se tourner en défaite, elle n'y tient plus; elle recommence à murmurer, à mugir; elle s'enfle de colère, elle fait un vacarme horrible; et voulant faire un dernier effort, elle rassemble onde sur onde, pour en former précipitamment des flots violens et tumultueux. Vaine ressource! car après s'être entourée de tous les moyens dont elle pouvoit disposer encore, pour fronder avec avantage ces masses formidables résistant à tous les chocs, elle en en est aussi-tôt abattue, pour voir un terme à son empire de ravage et de désolation.

Une fois que les eaux en sont réduites à fuir même au travers de ces colonnes invincibles, une fois qu'elles sont dégagées de ce torrent qui les corrompoit en les troublant sans cesse, elles s'acheminent paisiblement vers le lac de Genève, qui, pardonnant à leurs égaremens, les reçoit avec bonté, les purifie , et ensuite les introduit au milieu de ses ondes aussi caressantes que belles.

Arrivé à l'autre extrémité du pont , la scène change ; déja, l'on est au bas de la partie la plus inclinée de la colline ; déja , sur un grand espace uni qu'elle offre à mi-côte , les tours du château de Champange se font appercevoir au travers des feuillages.

Bien que ce château , d'une grandeur moyenne , ait été bâti sans aucune connoissance des ordres ionique , dorique et corinthien , il ne laisse pas d'exprimer le bon goût et de se présenter avec élégance ; et quoiqu'il soit assis à une certaine hauteur du coteau , on y parvient sans presque sentir que l'on monte par un chemin faisant plusieurs détours.

Les charmes de cette jolie demeure , se trouvent , plus particulièrement , dans tout ce qui procure sans inquiétude les biens et le bonheur. Autour de son enceinte , elle est en possession de sources intarissables, de fontaines jaillissantes , où les troupeaux s'abreuvent d'une eau toujours limpide et saine; de couverts rustiques, où un bétail nombreux repose dans l'abondance ; de vastes bâtimens, où la récolte de l'année attend que celle de la suivante soit assurée et faite pour lui céder la place ; de terrasses garnies de très-vieux maronniers, sous l'ombrage desquels *Pierre*, *Jacques* et *Jean*, pieux, fidèles et anciens domestiques de la maison, tous trois animés du plus vif intérêt, raisonnent les jours de fête sur les soins à donner aux terres confiées à leur longue expérience ; de réduits écartés, où des platanes enveloppent une masse d'engrais soigneusement retroussée, et de tous côtés si bien garantie, que les sucs qu'elle renferme ne se dissipent point pour aller encore troubler les clairs ruisseaux du voisinage ; de mares bordées de saules, où le canard barbotte avec tant de plaisir ; de hangars, de cours, de basse-cours, où la poule féconde enfante tous les jours, et où le coq amoureux, la tête bien élevée, annonce à ses voisins, avec sa voix perçante, que grâces à sa vigueur les dames de son serrail sont très-contentes de lui.

D'une éclatante blancheur, et d'un agréable effet par le jeu qu'y produit le rose naturel à la brique qui le couvre, ce château est encore entouré de tournelles remplies de pigeons caressans, de colombes fidelles, de

ces êtres heureux de leurs si chastes amours;
de ruches très-peuplées, où l'abeille vigilante,
pensant à sa patrie, apporte de bien loin la
quintessence des fleurs ; de fraîches et propres
laiteries, où le lait des étables arrive soir et
matin ; de jardins potagers, ornés par-ci
par-là de bouquets odorans qui tiennent en
pleine terre ; de vergers délicieux, sans être
réguliers ; de vignes en talus, des mieux
échalassées ; de prairies immenses, fauchées
trois fois par an pour les divers troupeaux ;
de champs bien préparés, où les semailles
profitent et le bon grain foisonne ; de terrein en jachère, que la bêche remue, que
la pelle retourne, que la herse applanit, que
la charrue sillonne et où l'engrais qu'on y
amène est aussitôt enfoui.

Dans l'enclos de cette habitation, sur les
bords d'un ruisseau fuyant à regret sous la
loi qui l'en éloigne, est une famille bocagère
et généreuse, composée de cerisiers, de
pruniers, d'abricotiers et de toute espèce
d'arbres et d'arbustes, dont les fruits, pleins
de saveur, sont plus exquis encore quand
ils ont été confits au sucre sur la braize en-
flammée. Au-delà, on voit épars dans la

campagne des noyers arrondis , des peupliers
effilés , des frênes à feuiiles tendres , de sou-
ples coudriers ; et dans le lointain , on ap-
perçoit une forêt de hêtres et de bouleaux ,
de chênes et de mélèzes , où l'humble mousse
et la modeste violette se tiennent à l'écart si
fidèlement compagnie.

Heureuse maison de Champange , riche
de tes propriétés , tu jouis de tous les dons
que les sols divers présentent séparément !
Rien , au reste n'y est superflu ; rien n'y est
inutile ou ennuyeux , pour quiconque connoît les douceurs et toutes les délices de la
vie champêtre.

Le paon et la pintade , ces dévastateurs des
toits , n'y firent jamais entendre leur détestable cri. Les vases portant fleurs ; les plantes
sans parfum , belles de leur laideur , et re-
cherchées par une dépravation totale de goût ;
les jardins anglois , insultant à la nature par
les tableaux mesquins et toujours forcés qu'ils
en offrent ; les statues , ces froids objets que
le sentiment repousse ; les trophées , les
urnes de marbre ou de stuc , rien de tout
cela n'a été vu dans aucun temps sur les possessions de Champange.

Rien encore , sur les tables et dans les appartemens , n'y annonce le faste et n'y porte où livre à la molesse.

Les vins étrangers , introduits par le luxe , et dont l'usage devient un besoin réel à satisfaire ; les liqueurs fabriquées dans les pays lointains , ces perfides boissons , qui en flattant le goût détruisent la santé ; les lits impudiquement entourés de glaces , d'où le regard n'en recherche le jeu , que pour violenter la nature en défaut ou pour l'outrager par d'odieux stratagêmes ; la brocatelle et le lampas , moins gais pour une demeure à la campagne que la toile ou l'indienne , et qui annoncent si fortement la misère quand une fois ils sont fanés , rien , rien de tout cela enfin , n'a jamais été connu ni vu dans ce paisible séjour ! Séjour , où la simplicité de la vie , la douceur des manières , la bienfaisance sans ostentation , la propreté soutenue et une heureuse aisance , suffisent pour captiver les yeux de ceux qui le fréquentent et contenter les cœurs de ceux qui l'habitent.

Sur cette terre d'innocence et de paix , une avenue , une seule avenue , est tout ce

que l'art paroît avoir ravi à la nature pro-
ductive.

Fuyant au milieu d'une peuplade de chataigniers, de la terrasse du château à la grande
route de Thonon à Evian, où une claire-voie
l'empêche d'aller plus loin, cette avenue ne
s'y offre aux regards, qu'après avoir déroulé
un doux tapis de gazon, bordé de différentes
fleurs et d'un sentier qui tout autour le garantit avec élégance.

Les hautes branches des chataigniers qu'elle
longe dans sa course, en se serrant de près,
obligent leurs jolis et flexibles rameaux à s'en-
trelacer les uns avec les autres, pour rendre
plus sombre encore le long berceau qu'elles
forment si bien entr'elles.

De distance en distance, et dans l'enfoncement des espaces que laissent entr'eux ces
arbres rangés de front, on trouve des cabi-
nets de charmille et de jasmin, de roses et
de chêvre-feuille, où des sièges de verdure
permettent de jouir tout à son aise des suaves
parfums qui s'en exhalent ; et de ces ton-
nelles fleuries, on entend courir de petits
ruisseaux dont le bruit doux et plaintif change
aussi-tôt en murmure, quand la pluie vient

à tomber ou quand les neiges commencent à fondre.

De la grille de fer, placée au bas de ce tableau d'enchantement, le voyageur n'en découvre jamais l'ensemble pour la première fois, sans éprouver à l'instant même tout ce qu'une surprise violente peut occasionner de délicieux ou de terrible.

Frappé d'étonnement à la vue d'un spectacle si inattendu, l'amant embrasé du feu divin de l'amour, s'abandonne tout-à-coup au délire de l'imagination la plus exaltée. Pour lui, cette avenue est un temple : la balustrade d'où il la voit, en est le portail orné ; le tapis de pelouse ou le boulingrin qui est étendu, en est le parquet de marbre ou de porphyre ; les tiges colossales des châtaigniers en ligne, en sont les colonnes qui le soutiennent et le décorent ; les branches et les rameaux, qui en s'unissant la couvrent, en sont la voûte auguste ; les retraites obscures, distribuées de droite et de gauche, en sont les chapelles où reposent les fidèles amans des générations passées ; le château, qui dans le lointain se présente environné des rayons de la lumière, en est l'autel où respire la divinité qu'il adore. Dans cette contemplation , son œil finit par ne plus rien distinguer ; les jambes lui manquent , ses genoux deviennent ses appuis, la voix lui est ravie , ses bras étendus se dirigent vers les cieux , son ame s'élance du côté qu'elle espère ; et son être , dans cet état de trouble et d'angoisse , ne revient à lui-même que par le secours d'un zéphir , qui arrive tout-à-propos pour dilater à petits coups son cœur beaucoup trop sensible.

O allée enchanteresse et vraîment incomparable ! Au premier abord , tout y annonce l'amour , tout y fait tomber en extase ; tout y livre les sens à l'agitation la plus douce ou à la volupté la plus agissante !

Qui le croiroit !....... Le cheval même entre en fureur , lorsqu'en passant il vient à découvrir du coin de l'œil cette sombre et merveilleuse allée.

Echappé aux souffrances et à la honte de la mutilation, soudain il manifeste avec audace, combien il désireroit de devenir père sous les ombrages de ce lieu , qui par l'un des effets de sa magie , l'étourdit et l'arrête sur son passage. C'est-là , où il donne bruyamment à connoître la toute-puissance de ses moyens : là , ses crins et ses oreilles se dressent , son regard étincelle, sa bouche écume avec abondance, son poitrail en est blanchi; ses flancs battent avec précipitation, son pied frappe le terrein qui le porte, les hennissemens sortent avec force de son sein enflammé, l'écho en prolonge le bruit dans les campagnes, les feuillages en sont agités; et les arbres, par un mouvement élastique, répété et prononcé, semblent saluer l'animal en furie....... Vers... ... . qui consumes et réduis tout en cendre; humidité qui putréfies les corps; temps qui détruis tout à la longue, épargnez, ô vous tous, épargnez cette feuille où je viens de célébrer la colline, le château et l'avenue de Champange!

De la République de Bienne.

Cette république, si bien placée dans le voisinage de son vertueux ami le canton de Berne, est la plus fraîche, la plus modeste, la plus mignone, de toutes celles qui composent la famille républicaine.

Chose bizarre ! Son air antique lui donne les graces de la fraîcheur : les manières ré- servées qu'elle observe avec tant de soins ; la pudeur dont elle est esclave et qui la fait tenir à l'écart, en font encore un vrai trésor de sagesse. Sa petite corpulence ; son ajustement de prairies et de vignobles, qui l'enveloppe si bien ; sa tête agréablement couronnée de vergers et de feuillages, font enfin de cette pouponne un objet d'enchantement.

Qu'elle est aimable ! Eh, quelle idée ne doit-on pas se former du bonheur dont elle est en possession ; quand on vient à jeter un coup-d'œil sur l'appartement qu'elle occupe ! Alors on est presque tenté de croire, que cette jolie République, dès la création, a été destinée aux faveurs les plus distinguées.

Retirée dans l'embrásure d'un coteau, qui

l'entoureroit complettement, si la nature avoit oublié de placer devant elle un lac dont la limpidité réfléchit ses attraits, elle se voit, dans cet enfoncement, à l'abri des malins et des pervers, qui aiment tant à approcher l'oreille des belles pour faire passer dans leurs cœurs le venin de la corruption. Heureuse république de Bienne ; azile de la liberté et de la paix, je ne t'ai vue qu'un instant ; mais cet instant n'a-t'il pas suffi, pour que je t'aie vue dans tout ton éclat !

N'aimant point à marcher sur les tracés d'autrui, je ne parcourrai pas le territoire riant et champêtre de cette république, pour essayer d'en faire une description, qui n'ajouteroit rien d'ailleurs à ce magique tableau, qu'en a donné l'un des hommes les plus extra-ordinaires dans la manière de sentir et dans l'art de décrire. Laissons donc ce parterre dont il a célébré les fleurs avec autant de graces que d'éloquence ; et n'approchons pas encore cette île de Saint-Pierre, où cet habile chantre de la nature, aborda avec l'espoir d'y passer une vie solitaire, et d'où il ne s'éloigna, que pour laisser, sur les côtes de cette terre isolée, le souvenir de ses paisibles jouissances et de ses touchans regrets!

En nous arrêtant à quelques particularités de cette république, nous aurons à admirer les modestes demeures qu'elle renferme et les attraits du patriotisme qu'on y remarque.

Bienne, capitale de cet Etat (1), est une petite ville où les maisons n'ont été élevées, que pour se mettre à l'abri des autans et de la rigueur des saisons; où les édifices publics, construits seulement pour l'utilité de tous, ne présentent aucun faste ni aucune espèce de décoration : le gouvernement et la justice y siègent sous des toîts, qu'on ne sauroit distinguer de ceux qui les environnent; mais où les droits des citoyens, les devoirs du magistrat, sont religieusement respectés et observés.

A l'exception de cette humble cité, on ne voit dans cette république que des villages et des hameaux; et soit à la ville, soit à la campagne, les mœurs y sont surveillées et aussi règnent-elles pour le bonheur de tous: le pays ayant très-peu d'étendue, il n'est

---

(1) Les républiques Suisses, celles du Valais et des Grisons exceptées, portent le nom de leurs villes principales.

personne dont la conduite puisse échapper aux regards des autres ; et attendu les relations de parenté, qui heureusement existent entre presque tous les individus, jamais la calomnie n'y souille les propos et n'y blesse ou offense les familles.

Dans cette paisible république, une seule église en ville et deux chapelles au milieu des champs, suffisent à toutes les ames du canton. Sous les voûtes de leurs temples, à certains jours et à certaines heures, les Biennois se rendent avec ferveur et forment là plus visiblement encore une assemblée de frères ; et a l'issue de ces lieux saints, sous les arbres qui ombragent de près ces hautes retraites de dévotion et de recueillement, les mains de ces hommes religieux se recherchent avec empressement et bonhommie, pour se joindre et se presser vivement entr'elles en signe de bénédiction et en témoignage d'alégresse.

Delà, et par des chemins différens, chacun se retire gaîment chez soi ; mais il est vrai, que c'est après avoir tous convenu ensemble de l'endroit où ils se réuniront, pour passer agréablement la soirée les uns avec les autres.

Quel séjour !...... J'y éprouvai cependant un déplaisir.

Discourant un jour avec un membre de cette République, n'eus-je pas la douleur de lui voir convoîter les jouissances des superbes capitales ? *Il nous faudroit le commerce*, me disoit-il, *pour parvenir à cette splendeur que l'on remarque chez les nations opulentes.* Quel langage ! C'est celui d'un enfant, qui demande ce qu'on ne peut lui accorder sans imprudence ou sans frémir : *le commerce* ! Ah, toutes les fois que j'entends parler de ce canal perfide, soit pour l'établir ou l'aggrandir, à des personnes attachées à un pays agricole, sur-tout à des républicains, j'éprouve un tel mal-aise, que seul il peut suffire pour me convaincre que je suis l'ami des hommes !

Le lendemain de ce propos insensé, tenu par un habitant d'un pays raisonnable, je me levai, avant l'arrivée du jour, pour me rendre sur les hauteurs de la colline, d'où je voulois voir étinceller dans le lointain les premiers rayons de la lumière.

.... Graces soient rendues ! J'arrive ; et tout est encore dans l'obscurité.... Ah, déja l'orient ouvre ses portes !...... Déja l'aurore pousse au loin les ombres de la nuit !... Le soleil paroît !..... Oui ; il paroît et l'oiseau matinal chante sa bien-venue !

Moi aussi, astre du jour, je te chanterai ! Je chanterai tes innombrables merveilles; et avant que l'horizon soit couvert du voile funèbre, qui se développe à la fin de ta course , j'aurai dit et répété tout ce que ta magnificence inspire de grand et de sublime ! O soleil, toi qui frappes mes regards ; toi qui lances des traits de feu sur les objets divers que tu découvres, donne à mon ame la chaleur nécessaire à la célébration de tes hauts faits!

Humains, prêtez l'oreille ; hôtes des bois , faites silence ; habitans des eaux bourbeuses et claires , percez l'onde et sur sa surface venez m'entendre ; cascades , fontaines, suspendez vos épanchemens ; fleuves , arrêtez-vous ! Que chaque élément contienne son activité ; que toute la nature soit attentive , pour applaudir , par un silence auguste , à l'hommage que je vais rendre au roi du firmament !

Mais ; ...... où suis-je ?...... que vois-je !........ Le ciel s'obscurcit ; les nuages s'amoncèlent........ Ah , Dieu !.........

Quel ouragan ; quelle tempête !...... Les vents soufflent et ils se déchaînent avec furie ; les nuées éclatent et inondent la terre , les ruisseaux en sont troublés , les torrens se débordent ; le lac est bouleversé jusques dans ses profondeurs ; les flots de tous côtés ne présentent que des abîmes ; les vagues , blanchissant , écumant , portent sur le rivage des nacelles brisées , des hommes , des femmes , des enfans , qui déja ne sont plus ; les montagnes en sont ébranlées , les arbres en frémissent , les campagnes se désespèrent ; l'écho répète le bruit de ce vacarme horrible , l'écho ne cesse de répéter les cris que ce désastre arrache ; mes crayons fuyent , s'échappent de mes doigts ; et ma personne , ma personne ?...... Heureusement elle se trouve à l'abri des injures du temps !

Téméraire ; voilà ta honte et ta confusion ! Tu veux , tu ordonnes, que la nature , que les choses , fléchissent au gré de tes caprices , et un bouleversement inopiné confond ton audace et démontre ton impuissance ! D'ailleurs , est-ce à toi , chétif vermisseau , de prétendre t'élever jusqu'à ce foyer de puissance et de grandeur , que les Dieux même ne sauroient fixer , sans que leurs yeux , humiliés aussi-tôt, ne fussent contraints à se diriger vers cette terre, si souvent arrosée des larmes de nos misères !

Après cette épouvantable matinée, qui paroissoit annoncer la dissolution entière de l'univers, le temps se calma ; les montagnes se raffermirent, les arbres se rassurèrent, les torrens perdirent de leur audace ; les ruisseaux, voulant sans doute se soustraire aux gémissemens affreux et prolongés des campagnes, fuyoient encore avec précipitation ; les ondes du lac des Biennois, ne se soulevant plus en masse autour de l'île de Saint - Pierre, permirent aux rives qui lui sont opposées d'en découvrir le site et les aspects divers ; les échos d'alentour, toujours pénétrés des douleurs d'une mère éplorée, d'un époux devenu veuf, d'une amante aux abois, réfléchissoient encore et très-lugubrement, ces mots tristes et plaintifs que l'on entendoit de toutes parts : *ils ne sont plus!.... ils ne sont plus!.......*

Affligé des excès d'une tempête si brutale, le soleil, ne pouvant paroître avec éclat, finit sa course dans des nuages sombres, sans que l'herbe des prairies ni les feuillages des forêts, pussent jouir dans leur langueur du moindre bienfait de sa présence.

La nuit, qui s'étoit presque emparée de l'horizon avant que son tour de régner fut revenu, n'eut pas plutôt déployé la force de sa domination, que j'oubliai les orages passagers de la nature, pour réfléchir sur la tranquillité stable et constitutionnelle de la famille Biennoise. Nation heureuse, m'écriai-je ensuite; c'est à l'emplacement de tes foyers, que tu dois l'absence du commerce; c'est à son éloignement, que tu dois la simplicité de tes mœurs; c'est à leur pureté, que tu dois la durée de ta constitution (1), sous la puissance de laquelle tu jouis en paix de la liberté et avec une sécurité si grande ! O république de Bienne, sans tes mœurs, préservées jusqu'à ce jour par ta position locale, ton code ne seroit qu'un sujet éternel de trouble et de discorde ; et ton séjour, augmenteroit alors le nombre de ces lieux où l'on éprouve déjà les tourmens de l'enfer !

____

(1) Bienne est gouvernée par ces loix que l'on nomme communément *démocratiques*.

Et vous, Contrées de pompe et de dissipation, vous qui prétendez avec tant de légèreté aux honneurs des républiques, sa-
chez que si vous ne vous régénérez point,
que si les vertus simples et austères ne deviennent pas expressement votre partage;
que si vous hézitez seulement sur les sacrifices de toutes les espèces que vous devez
faire avec courage et résignation, vous ne
parviendrez au gouvernement républicain,
que pour vous voir aussi-tôt exposées à des
volcans en furie, qui ne cesseroient de vomir
des flammes qu'après vous avoir converties
en désert, si toutefois l'autorité d'un seul ne
survenoit inopinément pour les éteindre !

Aveuglément encore, les hommes à grands
projets affirmeroient-ils, que la démocratie
est propre à tous les peuples : les lois ne
pourront jamais convenir aux différentes
nations, qu'autant qu'elles varieront suivant
la nature, l'étendue et la population des
lieux ; et si la félicité sociale est particulièrement sensible sous le gouvernement de la
république de Bienne, sous ce gouvernement
d'après lequel on peut en quelque sorte se
former une idée de la démocratie, c'est que
la constitution y coïncide avec le territoire

et sur - tout avec les besoins modérés des habitans. Estimable Citoyen de cette république , si tu es jaloux de ta constitution , ferme à jamais tes portes aux étrangers , au luxe et au commerce !

Du pays de Neuchâtel en Suisse.

CE pays est *comté, principauté, république* et *monarchie*. Cependant, sous ces titres divers, et nonobstant quelques clameurs, les lois les plus favorables à la liberté y sont en force et toujours pleines de leur essence.

Cet ensemble singulier n'a rien en le décomposant, qui puisse donner des craintes sur la durée de lois si sages et si précieuses : les pieds seuls de ce pays (1) sont *comté* et *principauté* ; le cœur et la tête en sont dignement la *partie-république* ; et le corps, sans gêne ni contrainte, est légèrement couvert d'un ample *manteau-royal*.

A quarante mille écus de Suisse près (2), le roi de Prusse est monarque *ad honores* de cette petite contrée. Par devoir, il en est

____

(1) Cette expression, répréhensible peut — être, doit être prise comme caractérisant le sol dénommé par les anciennes chartres.

(2) Cent quatre-vingt mille livres tournois, provenant de terres affermées et de quelques droits de chancellerie.

le protecteur spécial : sous tous les rapports, il est l'ami sincère du peuple qui en occupe honorablement les foyers ; et comme il en garantit l'indépendance et y maintient la liberté par la nature seule de sa puissance, il y est représenté, sans force armée ni moyens dispendieux, par un gouverneur dont la principale mission est de transmettre, de part et d'autre, l'expression de ces sentimens de bienveillance et de gratitude, que supposent naturellement les relations douces qui existent entre la Maison de Brandebourg et cette Nation fière et brave.

Malheureusement, la même harmonie ne règne pas toujours entre les citoyens qui composent cette nation, topographiquement et constitutionnellement divisée en bourgeoisie de Neuchâtel et en bourgeoisie de Valangîn : leurs droits respectifs n'étant pas absolument les mêmes, il en résulte de temps à autre certains murmures valangînois, qui ne laissent pas d'étourdir péniblement les oreilles de messieurs de Neuchâtel.

Un grand lac, où la tempête succède au calme d'une façon très-capricieuse ; une côte parsemée de maisons de plaisance beaucoup trop magnifiques ; des montagnes de toute énormité ; des vallées au - delà sauvages et pittoresques, forment l'ensemble du pays dont nous parlons.

La bourgeoisie Neuchâteloise habite le quartier de la côte ; la valangînoise le canton montagneux. En qualité de fils aînés du pays, MM. de Neuchâtel sont chargés de la direction de l'Etat ; mais quant aux principales immunités, dont le résultat est aussi avantageux que le relief en est flatteur , MM. de Valangîn en jouissent exclusivement aux autres.

Cette sage différence, qui tend à balancer entre les hommes, sous certains gouvernemens, les droits honorifiques par d'autres prérogatives, n'empêche pas que MM. de Valangîn ne soient peu satisfaits du partage. Malgré cela, la marche de l'administration n'y est point interrompue, les terres y sont par-tout cultivées avec soin, l'industrie s'y développe chaque jour davantage, les habitans y font un commerce qui les enrichit à vue d'œil ; et de toutes parts, l'on rencontre dans ces deux bourgeoisies, des hommes actifs et gais et des femmes infiniment agréables.

Ces Neuchâtelois et ces Valangînois sont

toutefois très-heureux , que leur sol soit assez ingrat pour les tenir constamment en haleine , que la communication de leur pays soit si difficile , avec les routes fréquentées de leur voisinage ; car avec leur immense commerce , qu'on ne sait trop comment il a pu brillamment se fixer sur tous les points de leurs montagnes escarpées ; avec leurs arts recherchés et leur extrême opulence , ils ne trouveroient , sans cette disposition sévère de la nature à leur égard , que les avant-coureurs de leur propre ruine , dans tous ces prétendus avantages si légèrement considérés , par tant de gens , comme étant les sources inépuisables du bonheur public , quel que soit même le régime du gouvernement sous lequel on respire. Que pourroient alors les lois; que pourroient encore le sceptre puissant de la Prusse , les moyens même les plus formidables , pour y soutenir l'édifice de la liberté contre les dangers incalculables des richesses , et vis-à-vis les commodités voluptueuses de la vie?..... Sans doute , MM. de Neuchâtel ont donné une preuve sensible de leur grande prévoyance , quand ils se sont opposés au renversement d'une montagne , dont l'effet devoit ouvrir un libre passage à l'étranger (1) ; et probablement MM. de Valangin, des villes de la Chaudefond et du Locle (2), auteurs de ce hardi projet, si remplis d'intelligence, si pleins d'attachement pour leurs demeures, favorisées il est vrai de la liberté la plus pure, n'auront pas tardé à sentir, que les considérations politiques, sur-tout dans un état républicain, doivent toujours l'emporter sur les convenances particulières.

Certes, moi aussi j'aime ce pays de Neuchâtel et de Valangin ; et j'avoue, que s'il venoit à éprouver des peines, elles seroient en quelque sorte les miennes.... Eh! voyez comme les circonstances servent à amener au bout de la plume, l'expression de ces sou-

____

(1) Il ne s'agissoit de rien moins que de faire sauter en éclats, à l'une des extrémités de la vallée du Locle, une montagne de roc, d'une hauteur prodigieuse et d'un aspect imposant.

(2) Ces deux villes, de très-fraîche date, où les attraits des capitales se font déja remarquer, sont situées sur les hauteurs de montagnes roçailleuses et sauvages.

venirs qui sont profondément dans les cœurs!
De mon cabinet, je parcours le comté de
Neuchâtel, la principauté de Valangîn : je
dis ce que j'en pense ; et tout naturellement,
le détail que j'en donne, dispose mon esprit
à parler d'une journée délicieuse que j'y ai
anciennement passée.

Un jour qu'il faisoit beau, je m'acheminai
à la campagne, avec des personnes de Neuchâtel, pour aller rendre visite à une famille respectable, retirée dans une maison
somptueuse et agréablement située sur l'une
des rives du lac.

Dès que nous fûmes à portée de découvrir
le clocher de Cortailloux, de ce petit canton
où la vigne donne un vin qui pétille dans les
verres, et où les vendanges qui approchent
n'arrivent jamais assez tôt, nous tournâmes
sur la gauche pour entrer dans cette demeure
magnifique, où nous reçûmes l'accueil le plus
flatteur, sur-tout par des dames dont la jolie
figure me force à convenir, que dans ce
monde on trouve pourtant des choses qui
font plaisir à l'œil.

Après les cérémonies d'usage, la satisfaction d'être ensemble inspira le désir de

là manifester : alors, nos ames s'épanouirent; et le plaisir de tous, fut ainsi composé de la joie de chacun.

Le dîner fini, le café bu, la liqueur prise, je me trouvai avec l'une de ces aimables femmes sous un couvert de maronniers obscurs. Si jamais j'ai particulièrement béni la faculté de l'ouïe, ce fut bien là, où j'entendois cette belle personne déployer les richesses de la philosophie sous les graces enchanteresses de l'expression (1).

Allant delà sur une terrasse découverte et régnant le long du lac, qui se présente en face, et d'où le zéphir arrive en folâtrant avec les eaux que doucement il agite dans sa course, je pus aussi-tôt, n'étant plus sous les épais feuillages, contempler tout à mon aise celle que je venois d'avoir le bonheur d'entendre........ Ah ! si je pou-

---

(1) Ses réflexions, toujours amenées par quelque récit, avoient par cette raison le charme touchant de la simplicité. Dans le cours de sa conversation, elle se rappella avec une émotion vive, qu'elle avoit été dans son enfance l'objet des caresses et des petits soins de J. J. Rousseau : il en aimoit les parens, et il les visitoit souvent dans cette belle demeure.

vois m'arrêter ici à tous ceux qui m'ont presque mis sous le charme, dans les divers lieux
que j'ai visités, ce point de repos seroit assurément pour moi bien agréable ; mais ....
revenons au pays de Neuchâtel auquel je
dois, sans qu'il s'en doute, l'occasion d'avoir
été à cet instant si délicieusement ému.

Graces donc vous soient rendues, agrestes
comté de Neuchâtel et principauté de Valangin, pour m'avoir publiquement reporté
sur des souvenirs si intéressans ! Puissent
aussi vos habitans de la côte et de la montagne,
ne penser les uns aux autres que pour se
rappeler de même avec émotion qu'ils sont
tous des frères !

Oui ; vous êtes tous des frères, hommes
de Neuchâtel et de Valangin ... Que pour-
roit-il manquer à votre bonheur, si vous
aviez toujours le sentiment de celui qui vous
est réellement propre ? Votre constitution est
bonne, la liberté parmi vous a foncièrement
des attraits, vos prérogatives municipales et
communales sont immenses, vos énormes
rochers ne laissent pas de s'opposer à l'arrivée de tous ces funestes besoins, que faci-
lite malheureusement assez la puissance cor-
ruptrice des richesses. Ainsi, que vos cœurs

par des désirs insensés, ne portent jamais
aucun préjudice à l'ouvrage de vos pères;
que vos bras, dans aucun temps, n'abattent
l'ouvrage de la nature ! Respectez donc
l'intégrité de vos lois, conservez donc à vos
montagnes tout ce qu'elles ont de sauvage
et d'imposant; et sur-tout, défiez-vous du
prestige de toutes ces nouveautés, que l'on
recherche de nos jours sous le prétexte d'une
perfection sociale, qui ne sauroit d'ailleurs
être de durée, lors-même qu'elle seroit possible !..... Tant que l'on monte, on monte ;
mais parvenu au dernier période de sa course,
il ne reste plus qu'à descendre : les hautes
régions, si elles étoient accessibles, seroient
intenables pour les habitans de ce globe
de corruption et d'éternelle misère.

De l'organisation sociale du *Pays de Vaud.*

PAYS de Vaud, contrée charmante ; toi dont les villes, les villages et les hameaux présentent de toutes parts le séjour de la paix et du bonheur.... Je te salue !

Sous le rempart de l'aristocratie (1), ton territoire, ô pays de Vaud, est un vaste jardin, où les fleurs de la démocratie tiennent en pleine terre, et où elles furent toujours si bien soignées par la main appelée à les entretenir !

Dans ce pays, où naguère les étincelles de la discorde sont venues de loin pour être heureusement dissipées aussi-tôt (2), on voit

---

(1) Les ochlocrates les plus prononcés, s'ils sont instruits ou de bonne foi, ne peuvent ici prendre cette expression en mauvaise part.

(2) C'est à la fin de l'année 1790, que je me suis occupé de cet article du pays de Vaud. Depuis cette époque, ce pays a donné de nouvelles inquiétudes à ceux qui redoutent, pour le propre bonheur des peuples, cette fièvre anarchique dont une si grande partie de l'Europe est déja tourmentée.

Note faite en juin 1792.

la paix et la liberté concourir ensemble au bonheur de chacun ; et malgré les clameurs des esprits atrabilaires ou malfaisans, il est connu depuis long-temps pour être le plus heureux de la terre (1). Oui ; de la terre ! Aussi, ne faut-il qu'en exposer les principales particularités, pour confondre ceux qui se permettent d'en décrier les coutûmes honorables, par leurs propos mensongers ou leurs libelles diffamatoires.

Ce pays est divisé en petits cantons nommés *bailliages* : chacun d'eux a pour chef de son administration un membre de l'Etat de Berne, qu'on appelle *bailiif* (2).

Chaque bailliage est divisé en districts nommés *communes* : chacune d'elles est une république distincte, administrée démocratiquement par ceux qui en sont membres et que l'on nomme *bourgeois* (3).

Chaque commune, pour ce qui la concerne,

____

(1) L'abbé de Mably en parlant de la Suisse s'exprime ainsi : *l'on y est plus heureux qu'ailleurs.*

(2) Voyez le premier article du chapitre suivant.

(3) Voyez le second article du chapitre suivant.

se forme en assemblée délibérante à des époques convenues et dans les cas urgens.

Pour la direction journalière des affaires,
chacune d'elles a son sénat nommé *Conseil.*

La plupart de ces conseils, sont composés
de braves et bons paysans, que l'on ne rencontre jamais, sans manifester par le salut
le respect qu'on leur porte (1).

Pour être admis à la bourgeoisie de l'une
de ces communes, il faut s'adresser par requête
à l'assemblée du lieu qu'on a en vue ; et s'il
lui convient d'augmenter le nombre de ses
bourgeois, si le requérant est d'ailleurs un
homme probe, elle le reconnoît pour l'un
des siens, moyennant un prix qu'elle-même
détermine au profit de sa caisse commu-
nale : leur pouvoir à cet égard est absolu (2);
car le premier en rang de l'Etat de Berne,

***

(1) Le respect réfléchi, est autre chose que cette
humilité qui résulte machinalement de la crainte.
Sans respect pour les supérieurs d'un lieu, à moins
que la force n'intervienne, il ne sauroit y avoir de
la subordination ; et sans subordination, il n'y aura
jamais aucune espèce d'ordre public.

(2) Voyez le troisième article du chapître suivant.

éprouveroit lui-même, du plus foible hameau, un refus formel et sans explication, si sa demande n'y étoit pas généralement agréable (1).

Si la personne admise à la bourgeoisie, étoit avant cet acte étrangère au pays, elle doit, une fois pour toutes, prêter serment d'obéissance aux lois et de fidélité à l'Etat : le Baillif, au nom du gouvernement, lui expédie ensuite des lettres de naturalité.

Pour qu'un bourgeois puisse jouir de tous les avantages de sa commune, il faut qu'il y soit établi; que son domicile y soit permanent.

Quoique le bourgeois d'une commune ait la faculté d'aller s'établir dans une autre que la sienne, il n'a pas droit aux prérogatives que présente celle où il va fixer son séjour : il doit, au contraire, lui payer annuellement une légère redevance (2).

Un étranger, qui acquiert un domaine ou

----

(1) Voyez le quatrième article du chapitre suivant.

(2) Voyez le cinquième article du chapitre suivant.

une métairie sur le territoire de l'une de ces communes, en est par le fait habitant reconnu, en se soumettant toutefois vis-à-vis d'elle, à certaines charges déterminées par ses coutumes. Mais si cet étranger y fait seulement l'acquisition d'une demeure, la commune peut l'en évincer aux mêmes conditions, que celles exigées pour jouir du droit de retrait lignager ; et s'il ne se présente que pour y demeurer à loyer, il doit préalablement lui en demander la permission (1).

Toutes ces communes ont séparément en propriété des forêts et des prairies, ou quelque terrein plus ou moins considérable en étendue et en produit : celles qui jouissent de revenus excédant leurs besoins journaliers, en distribuent chaque année une partie à leurs bourgeois domiciliés dans le lieu (2) ; celles dont les revenus sont médiocres, graces à leur sévère économie et à leur bonne admi-

---

(1) Voyez le sixième article du chapitre suivant.

(2) La veuve et les filles non-mariées d'un bourgeois, chacune en leur particulier, jouissent de tous les droits lucratifs que lui-même avoit dans sa commune.

nistration , ont toujours assez de ressources pour soulager ceux des leurs peu fortunés, que de longues maladies ou d'autres évène-mens fâcheux font tomber dans le besoin ; et offrant toutes ensemble le tableau d'une famille vraîment républicaine , elles sont les unes pour les autres un sujet sensible d'ému-lation : la prospérité de l'une d'elles , que lui procure une sage conduite , suffit pour exci-ter les autres à l'imiter avec courage.

Une commune riche fait des avances à celle qui ne l'est point ; et au moyen de cette confiance, le foible est heureusement sou-tenu par le fort.

Dès que l'une d'elles est parvenue à un certain degré d'aisance , elle le fait voir par des actes qui sont utiles à tous : les pompes à feu qu'elle achète ; les fontaines et les chemins de traverse qu'elle entretient avec plus de soin ; les fours banaux qu'elle élève ; les cheminées de toutes les maisons qu'elle fait ramoner à ses frais , trois ou quatre fois par an (1) ; les écoles établies au milieu de

____

(1) Ce détail , quoique minutieux , ne laisse pas de faire connoître , jusqu'où se porte la vigilance

L

ses demeures, qu'elle encourage plus particulièrement encore ; les honoraires, meilleurs que du passé, qu'elle accorde aux régens ; le salaire dû aux gardes-champêtres, à l'inspecteur des bestiaux et au pâtre de la campagne, dont elle relève les individus pour l'acquitter des deniers de sa caisse ; la pension qu'elle alloue à un médecin ou à un chirurgien expérimenté, pour qu'il donne assidûment ses soins aux malades de l'endroit, sans que ceux-ci soient tenus à aucune rétribution, sont à cette heureuse époque de ces sujets de dépense qui tournent en effet au profit de chacun.

Suivant leurs institutions, elles doivent pourvoir aux besoins et à l'éducation de leurs orphelins indigens ; et ayant à cœur qu'ils soient un jour dignes de leur appartenir et de servir la patrie, elles s'occupent de leur instruction avec une vigilance paternelle. Elles doivent encore nourrir et entretenir les

----

de ces communes. Au moyen de cette mesure, elles garantissent leurs habitations, autant qu'il est en leur pouvoir, des effets qui pourroient résulter de la négligence ou de l'extrême avarice des particuliers.

pauvres qu'elles peuvent avoir : comme elles leur donnent une subsistance sans amertume, ces créatures infortunées ne quittent point leurs amis ou leurs frères, pour aller traîner sur les chemins des corps infirmes ou accablés sous le poids des ans (1).

Tels sont les traits remarquables que présente l'organisation sociale du pays de Vaud, où l'amour des foyers, sous la puissance tutelaire de Berne, porta toujours à respecter l'harmonie générale. Malheur au génie infernal, qui songeroit à jeter dans cette petite contrée les tisons ardens de la discorde ! Satellite de Satan, il voudroit alors y convertir le bien en mal pour le seul plaisir d'en aggrandir l'empire.

De père en fils, les familles se perpétuent dans leurs communes respectives ; et attachées les unes aux autres par les liens de

____

(1) Le nombre des pauvres est d'ailleurs très-peu considérable au pays de Vaud : il n'est peut-être point d'État, où l'on en trouve moins que dans le canton de Berne et généralement dans toute la Suisse. Au reste, il est de fait, qu'une république, bien ordonnée, a toujours par devers soi les moyens de réduire efficacement la mendicité.

la parenté, toujours sensibles dans les pays agricoles, elles s'entr'aident avec joie dans leurs rustiques travaux, et elles célèbrent ainsi les douceurs de la vie champêtre.

La gabelle, la taille, la capitation; les levées de deniers sur les maisons, sur les meubles; les impôts indirects; toutes ces charges enfin dont la plupart sont nécessaires aux besoins sans nombre des grands états, sont inconnues au pays de Vaud (1). La tailliabilité réelle et personnelle, ce monstre hideux de la féodalité, n'y souille pas le territoire et n'y flétrit point les hommes.

Le laod y est exigé; mais les fiefs, dont plusieurs appartiennent aux communes elles-mêmes, sont assujettis à des devoirs particuliers envers l'Etat D'ailleurs, celui qui acquiert un immeuble grèvé de redevances, ou soumis à quelque droit éventuellement déterminé, ne le paye pas aussi chèrement qu'il l'auroit fait dans le cas contraire (2).

Si la dîme y est levée, c'est qu'il faut

____

(1) Voyez l'article septième du chapître suivant.

(2) Voyez l'article huitième du chapître suivant.

bien, d'une manière quelconque, entretenir les ministres qui desservent les autels du très-haut (1). A cet égard, la généralité des chrétiens n'en est pas au point de sacrifier son culte à la stérile incrédulité.

Si le cens y est connu, c'est qu'il dérive d'une propriété concédée sans en avoir reçu le prix : cette redevance, en dernière analyse, n'est que l'intérêt d'un capital qu'on doit réellement sans être tenu de s'en libérer. Il ne pourroit y avoir que l'ignorance ou la mauvaise foi, qui pût récriminer contre une dette si légitime, et encore si recommandable par sa nature (2).

Quant à la puissance de Berne, merveilleusement soutenue par la haute considération que sa sagesse inspire, elle ne se fait sentir que pour le propre bonheur de cette terre républicaine ; car c'est à cette puissance, et à elle seule, que chaque commune doit l'exercice libre de ses droits. Si les com-

----

(1) Dans la riche commune de Bassin, bailliage de Nion, la dime en grain est perçue avec sagesse : la paille reste au cultivateur.

(2) Voyez l'article neuvième du chapitre suivant.

munes de ce pays n'avoient pas au-dessus d'elles un gouvernement plein de vigueur, qui en impose par sa dignité suprême, et aux yeux duquel elles sont toutes égales, les plus foibles seroient à la merci des plus fortes ; et la licence succèdant à la liberté, la violence à la justice, celles même qui répandroient la terreur, finiroient par s'en-tre-déchirer avec acharnement, jusqu'à ce que la plus considérable en moyens, ou la plus habile en intrigue, eût anéanti tout ce qui pourroit lui faire le moindre ombrage (1).

Jouissant avec sécurité de la plénitude de leurs droits, elles sont toutes intéressées à maintenir l'autorité bienfaisante de Berne. Qu'elles se défient donc des orgueilleux, des ambitieux ou des hommes aveuglés, qui chercheroient, par des considérations perfides ou sous le prétexte d'un avenir meilleur, à les entraîner dans un labyrinthe inextricable de malheurs et de souffrance !

---

(1) J'ose le prédire : le pays de Vaud est perdu, si jamais il vient à se soustraire à l'autorité paternelle de Berne.

L'Etat de Berne , n'ayant point de troupes soldées sur pied , ne peut leur donner aucune inquiétude , ni leur inspirer la moindre défiance. De l'inquiétude ; de la défiance ?...... Eh ! les preuves sensibles qu'il donne constamment de la bonté de son administration , du respect religieux qu'il porte aux coutûmes du pays , où chacun est d'ailleurs armé pour la défense de tous , ne doivent-elles pas au contraire lui valoir, et chaque jour davantage , une confiance raisonnée et un attachement sans bornes (1) ? Il en est le protecteur, le père : il n'y lève aucun impôt (2). Les forêts, les montagnes (3) et d'autres biens qu'il possède ; les droits de tranzit (4)

----

(1) Voyez l'article dixième du chapitre suivant.

(2) Voyez l'article onzième du chapitre suivant.

(3) Plusieurs communes du pays de Vaud , ont aussi en propriété de vastes montagnes et d'immenses forêts.

(4) La difficulté que les enfans éprouvent en apprenant à lire , ainsi que les étrangers auxquels la langue françoise n'est pas familière , à prononcer

qu'il perçoit et que la nation ne supporte point , puisqu'en définitive c'est l'étranger qui les acquitte, sont les principales sources de ses revenus , servant entr'autres choses à payer les hauts-officiers en fonction.

Ces hauts-officiers , particulièrement attachés à la chose publique , et par leur famille et par leur patrimoine , ont un besoin trop pressant de l'estime générale, pour qu'ils puissent négliger de la captiver avec le plus grand soin ; et comme le public ne contribue, par aucune espèce de sacrifice , ni aux honoraires qui leur sont alloués , ni aux épargnes qu'ils peuvent faire durant le temps de leurs fonctions, ils sont indignement calomniés, quand on les

----

certaines lettres, tantôt d'une façon , tantôt d'une autre , m'a déterminé à substituer le *z* à l'*s*, dans la plupart des noms et des mots où cette lettre est particulièrement sensible quand on les prononce. Je laisse à d'autres , s'ils le jugent convenable , le soin d'employer le *k* par-tout où la prononciation de cette lettre se fait sentir, et de supprimer l'*x* , pour le remplacer par les deux *ss* , dans les mots et les noms où il est méconnu quand on les articule. A cette occasion je remarquerai, qu'il nous manque un dictionnaire de prononciation.

accuse de vexer le peuple dans ses biens ou son industrie (1).

Pour les droits honorifiques qui sont dévolus à LL. EE. de Berne (2), et qu'elles exercent avec autant de dignité que de décence, que d'avantages et de consolations ne procurent-elles pas encore au pays de Vaud! Toujours disposées à satisfaire les désirs des communes; toujours empressées à les assister dans le malheur, leur supériorité n'est jamais plus remarquable, que quand elles se prêtent aux vues des unes et viennent en hâte au secours des autres.

Quand une ville, pour sa propre convenance, a fait une entreprise en quelque sorte dispendieuse, avec confiance elle en saisit l'occasion, pour emprunter de l'État de Berne une somme plus ou moins forte, et à des conditions dont elle puisse tirer tout l'avantage ; car après l'avoir obtenue pour le terme de vingt-cinq ans, et au centième denier d'intérêt, elle prête cette même

(1) Voyez l'article douzième du chapitre suivant.

(2) Voyez l'article treizième du chapitre suivant.

somme à des particuliers au vingtième denier et sous bonne caution : comme on le voit, cet emprunt de sa part est une affaire de pure spéculation, et non un acte forcé par les circonstances (1).

A la vue de ce détail, qui ne seroit pas pénétré d'un sentiment pénible, en apprenant qu'il est des hommes assez injustes, pour produire le pays de Vaud comme un de ces lieux flétris par les tyrans ? Un tyran !.... Il n'avance la main que pour enlever ce qu'il convoite ; mais le gouvernement de Berne ne tend la sienne, que pour remettre ce qu'on lui emprunte ; que pour prêter enfin. *Que pour prêter ?* .... Eh, il donne encore !

Un village a-t'il été affligé d'une inondation ou d'un incendie, LL. EE. lui envoyent aussi-tôt des secours en abondance ; et tout ce qui peut en réparer la perte, ou réduire le sentiment de ses peines, lui est offert par leurs ordres, avec un empressement qui prouve combien ils sont précis. Voilà encore,

-----

(1) Voyez l'article quatorzième du chapître suivant.

les relations établies entre ce gouvernement que l'on calomnie, et ce peuple fortuné qu'on a l'impudence de plaindre.

La jalousie en est la cause : sous le masque de la commisération, elle tâche sourdement de porter atteinte aux dignités de cette république. Mais il faut espèrer qu'elle ne réussira point ; car il n'est pas vraisemblable que le pays de Vaud, où il se trouve un si grand nombre de gens instruits, dont le jugement est exercé, puisse se dissimuler jamais, que si le chef de l'Etat venoit à perdre cette considération qu'on lui porte et qu'on lui doit, il en résulteroit une insubordination générale, et par-suite toutes les horreurs de l'anarchie.

Pour mieux se convaincre du bonheur dont le peuple y jouit, qu'on ouvre les livres des historiens Anglois qui ont parcouru la Suisse, et l'on verra, par le jugement qu'en ont porté ces connoisseurs en liberté (1), com-

____

(1) Il n'est personne de raisonnable en France, que je puisse indisposer par l'hommage que je rends à ces écrivains célèbres, qui ont en effet si bien raisonné sur la liberté des peuples. Mon opinion à

bien il seroit ridicule de souhaiter pour ce pays une meilleure ou une plus sage administration.

Qu'en a pensé Mably ? *On y est,* dit-il, *plus heureux qu'ailleurs. L'Etat y vient au secours de ceux qui ont souffert une perte : il aide un citoyen à rétablir sa maison incendiée ; il dédommage le cultivateur dont une grêle ou quelque accident a trompé les espérances, etc.* Tels sont les termes de l'abbé de Mably ; de ce grand apôtre de la liberté, qui en a reculé les bornes jusqu'aux frontières de la licence.

Maintenant, et pour justifier mes expressions si favorables au gouvernement de Berne, je vais rendre sensible la pureté de mes sentimens, par d'autres détails qui me sont absolument personnels.

A titre d'*étranger,* j'ai acquis, en 1779, des débris de mon patrimoine, un petit domaine au pays de Vaud, sur le territoire de la commune de Glans dans le bailliage de Nion. Les miens, à qui j'ai abandonné ce

leur égard, n'est-elle pas d'ailleurs justifiée par le suffrage de tous les hommes instruits ?

foible héritage, y vivent dans la retraite, et en recueillent les fruits sans jouir d'aucune de ces prérogatives, qui sont affectées aux bourgeois de l'endroit (1).

Dans leur position, l'on ne peut clorre ses champs, ses prés et ses bois (2), ni envoyer son bétail au pâturage de la commune, sans lui payer un droit-*tarifé*; et soit en privation, soit en charge, la différence établie, entre un étranger propriétaire foncier et un bourgeois ne possédant rien, a quelque chose au premier abord de repoussant et d'odieux (3).

Relativement à MM. de Berne, je n'ai ni à m'en louer ni à m'en plaindre : leur Etat est l'allié de la république de G*** ma patrie ; et attendu que le corps auquel j'appartiens

____

(1) La Commune de Glans est toutefois l'une de celles, auprès desquelles on trouve le plus de facilité pour obtenir la qualité de bourgeois.

(2) A moins qu'on n'en achète le privilége : c'est ce que j'ai fait dans le temps en faveur de mes possessions. Au surplus, voyez l'article quinzième du chapitre suivant.

(3) Voyez l'article seizième du chapitre suivant.

est parfaitement à leur unisson, eux et moi nous sommes sur la même ligne dans le commerce privé de la vie (1).

Si je n'ai pas à m'en louer, c'est que durant le temps où j'ai vécu dans leur pays, je ne me suis pas vu dans le cas de recourir à Eux ; et si je n'ai point à m'en plaindre, c'est que la justice et l'équité sont les seuls mobiles de leur administration.

Mais en supposant, que des personnes de ce gouvernement m'eussent donné quelques sujets de plainte, leurs procédés, auxquels j'aurois sans doute été très-sensible, n'auroient pu toutefois bouleverser mon jugement, lorsque je me suis livré à examiner les choses, pour prononcer sur leur nature avec l'assurance de la conviction.

D'après cette manière de me produire, l'on ne m'accusera pas, et je le pense, de m'être rendu coupable d'adulation, quand j'ai chanté, soit ici, soit ailleurs, le bonheur

---

(1) G***... *ma patrie !... à laquelle j'appartiens !....... Hélas, c'est ainsi que je m'exprimois, avant que cette terre de mes pères eût été souillée par tant de forfaits !*

Note faite en août 1795.

du pays de Vaud et la sagesse du gouvernement de Berne. L'adulation !....... Jamais, jamais elle n'obtiendra rien de mon cœur, si facile cependant à prodiguer la louange ! Et tel qui lira mon ouvrage en entier, verra que ma main a trop de fermeté pour être soumise à un sentiment si bas : l'*adulation !*......

Ayant parlé de l'organisation politique du pays de Vaud , et des heureux effets qu'il en éprouve d'âge en âge (1) , je ne puis ni ne veux me taire sur ce délicieux séjour , où les richesses de la création brillent de toutes parts , et inspirent à ceux qui les contemplent le désir d'en célébrer la pompe.

Dans un espace de vingt lieues de longueur, et d'une largeur inégale , qu'encadrent la partie verdoyante du Mont-Jura et les hautes Alpes , dont le désordre offre à la vue de ces beautés qui élèvent la pensée, et porte vivement les cœurs à la tendresse , se trouve le lac enchanteur de la république de Genève.

Presque sur toute la longueur de la rive

---

(1) Voyez l'article dix-septième du chapître suivant.

droite de ce lac incomparable , par la limpidité et l'azur de ces eaux ; de ce vaste bassin , où les ondes sont si belles et les bords
si riants , le pays de Vaud , sur un plan
incliné , se présente magnifiquement couvert
d'une riche culture , de villes élégantes , de
villages fleuris , dont le magique effet ne
peut dignement être rendu que par un habile et vigoureux pinceau.

Depuis ce coteau, agréablement prolongé,
intéressant par son site et le détail de ses
attraits, on voit au loin , dans toute son
étendue , la province collineuse et montueuse
de Chablais en Savoie. O pays de Vaud !
tout n'est-il pas pour toi, et jusqu'à ce tableau savoyard , dont l'aspect champêtre est
si touchant, si ravissant même; tout enfin n'est-
il pas pour toi un vrai sujet d'alégresse!.....
Rives fortunées du lac de Genève; contrée
où mon ame se transporte si souvent , puissent tous ces dons , que la nature vous a pro-
digués avec tant de munificence , rendre
fortement sensible à vos habitans le bonheur
qu'ils ont d'y vivre honorablement en paix!

Développement donné à quelques passages de l'article précédent (1).

1°. **D**ANS la république de Berne, il faut être marié pour obtenir un bailliage : ceux qui ne le sont pas, ne peuvent y parvenir. Cette sage exclusion, particulièrement recommandable pour les mœurs, par-tout où l'homme en place a une sorte d'influence sur les idées, devroit frapper, sous les gouvernemens divers, tout célibataire aspirant à un emploi de quelqu'importance. Il faudroit plus encore pour l'avantage de la société : la plupart des places, toutes celles où le plus ou le moins d'années est parfaitement égal pour les bien remplir, et pour lesquelles la jeunesse et l'ardeur ne sont pas des titres absolus de préférence, ne devroient être conférées, qu'à des hommes dont la fougue des passions est censée amortie par les ans. Alors, les affaires de l'état seroient moins souvent compromises, les mœurs et l'opinion publi-

______

(1) Ce chapitre comprend aussi des articles, qui ne sont que des observations accidentelles.

M

que seroient plus respectées ; et la considération, qui donne et doit donner aux places
du relief, ne seroit pas si exposée à l'outrage
ou à l'arme meurtrière du ridicule.

2°. J'ai peu abusé du mot, d'après ma
manière de voir, quand je me suis porté à
dire, que les communes du pays de Vaud
se gouvernoient *démocratiquement*. Ici, je
l'avouerai : c'est à quelques-unes de ces
communes, à celles sur-tout qui sont placées
à l'écart, près des montagnes ou dans leur
enfoncement, que j'ai dû mes agréables rêve-
ries sur la démocratie dans toute sa pureté.

Il est une particularité remarquable, chez
presque toutes ces communes éloignées des
grands-chemins, qu'un brave Suisse, établi
à Paris, depuis nombre d'années, m'a rap-
pelée et que je rapporterai avec d'autant
plus de satisfaction, qu'elle est pour cet honnête homme un sujet d'attendrissement, lorsque le souvenir du lieu qui l'a vu naître
vient à s'emparer de lui (1).

---

(1) *Hermain*, de la commune de Gimel, bailliage d'Aubonne, est le nom de cet homme plein

Dans ces communes écartées, il règne une si grande confiance entre les habitans, que les maisons restent ouvertes, quand ceux qui les occupent vont aux travaux de la campagne. Pour chacun d'eux, la probité de tous vaut mieux que les serrures et les cadenas. Eh! que d'autres traits semblables, ne fournit pas le séjour des vallées paisibles et solitaires de la Suisse!

3º. Le droit qu'ont les communes du pays de Vaud, de refuser leur bourgeoisie à quiconque ne leur est pas agréable ; ce droit si nécessaire à leur propre conservation, n'est pas attentatoire à la liberté d'autrui : la liberté est blessée, quand on vous force, sans alternative honnête (1), de souscrire à des actes, ou d'observer des règles auxquelles vous répugnez invinciblement ; mais elle n'est point en souffrance, quand on n'adhère pas à une demande dont l'objet n'est réellement pas dû.

---

de candeur, dont l'abord est toujours pour moi si agréable.

(1) Telle que celle-ci : *obéiss. z ou sortez du pays.*

4º. La faculté de ces communes, de refuser leur bourgeoisie aux membres même de l'état de Berne, prouve combien leurs prérogatives ont d'étendue et sont respectées par le gouvernement. Gens du pays de Vaud, vous autres discoureurs, vous qui, en pays étrangers, murmurez avec tant de fiel contre l'administration de Berne, parce que votre orgueil n'a point de mesure, êtes-vous dignes d'avoir reçu le jour sur cette terre, où la sagesse préside et où le bonheur se trouve ?......

5º. *Les membres d'une commune n'ont pas droit aux prérogatives particulières des autres.* Cette rigoureuse exclusion fait heureusement sentir à chaque bourgeois, qu'il ne sauroit être mieux que dans sa propre commune, où d'ailleurs il n'est jamais sans avoir des devoirs essentiels à remplir ; elle ne laisse pas en outre de concentrer les familles sur le même point, et de contribuer conséquemment à ces intimes rapports de parenté, qui seuls peuvent maintenir ou préserver les formes démocratiques : sans cette exclusion, chaque commune pourroit enfin se voir forcée à réduire ce qu'elle doit aux siens, par l'obligation où elle seroit alors de le répartir sur un plus grand nombre.

6°. Au moyen du droit qu'ont ces communes, de refuser l'habitation aux étrangers, leurs demeures ne sont pas si ouvertement exposées aux dangers incalculables des innovations, que pourroient y répandre avec adresse, pour les faire valoir à la longue, sans d'ailleurs courir de grands risques, de nouveaux venus ne tenant au sol par aucune propriété, et n'ayant qu'un pas à faire pour s'en éloigner en cas de revers (1).

7°. Le suffrage d'un observateur satirique sera toujours d'un grand poids.

Le publiciste Gorani, ce philosophe, qui s'est abandonné si inconsidérément aux écarts d'une imagination ardente et trompeuse, qui est toutefois un homme infiniment aimable, foncièrement paisible et bon, m'a dit

____

(1) Cette manière de considérer le cas, ne sauroit trouver de contradicteurs que parmi ces prétendus philantropes, qui ne parlent de leur grand attachement au genre-humain, que pour mieux en imposer sur leur sinistre projet de bouleversement général.

M 3

et répété bien des fois, qu'il ne connoissoit aucun peuple, qui fût aussi complettement heureux que celui du pays de Vaud. Certes, sur le chapitre des louanges, le C. Gorani est une autorité assez respectable, pour que l'on puisse, indépendamment des faits que j'ai produits, ajouter la plus grande foi au jugement que lui-même en porte (1).

8°. Si les propriétaires-fonciers sont exposés à voir réduire leur patrimoine, par des impositions exigées de temps à autre, sous des raisons plus ou moins plausibles, ils ne sauroient se plaindre des charges fixes, auxquelles les immeubles étoient assujettis avant qu'ils fussent leur propriété. Aussi, le laod qui est connu de l'acquéreur, avant qu'il ait arrêté le prix de son acquisition, est-il une de ces charges que le propriétaire supporte sans inconvénient ni dommage.

Non-seulement le laod n'a rien d'odieux; mais il est un moyen sage, pour obliger à mettre en évidence, lorsque le droit en

____

(1) Article fait en février 1795.

est de rigueur, et qu'il n'est pas au contraire exigible par quelques mercenaires (1), le prix réel de la vente, que de tierces parties peuvent avoir le plus grand intérêt à connoître. En s'arrêtant à cette dernière considération, il semble que tous les états devroient prendre des mesures tellement sévères, que jamais un vendeur ne pût en imposer au public sur la vérité de son marché, en s'entendant avec l'acquéreur, pour substituer dans l'acte un prix moindre que celui réellement convenu entr'eux.

Pour éviter à cet égard toute espèce de fraudes, soit de la part du vendeur, vis-à-vis de ses parens ou de ses créanciers, soit de la part de l'acquéreur, qui peut sourdement abuser de la foiblesse ou des passions de celui avec lequel il traite, en vue d'obtenir des conditions odieusement avantageuses, ne conviendroit-il pas d'arrêter, que toute vente d'immeubles, pour appeler au concours le plus grand nombre possible d'a-

____

(1) Avec ces gens là, il est facile de s'acquitter du laod à peu de frais, en composant avant d'arrêter la vente.

M 4

mateurs , sera désormais soumise , **comme si** elle étoit forcée par voie juridique , aux criées publiques ou à tel autre mode d'exécution revenant au même ? Cette formalité n'empêcheroit pas le propriétaire de traiter de gré à gré avec qui bon lui sembleroit ; mais l'accord fait entr'eux , ne seroit censé irrévocable , qu'après que cette formalité auroit été remplie à l'effet de porter plus haut le prix de la vente : la lézion , entr'autres choses , ne pourroit alors avoir lieu ; et les lois existantes pour en réduire l'atrocité , tomberoient heureusement par le fait en désuétude.

9°. *Le cens est une dette légitime.* En effet , rien de moins contestable que cette redevance , qui résulte de la possession d'un bien dont on n'a pas payé le prix.

Le cens est une dette recommandable etc : rien n'est si vrai encore. En ne s'arrêtant pas à ces vastes empires, qui sont dans la fâcheuse obligation de maintenir les grandes cultures, pour satisfaire , sans de trop pénibles efforts , aux premiers besoins de leurs armées ; pour subvenir , journellement , à la principale subsistance de leurs nombreuses et immenses cités; en ne s'arrêtant pas, dis-je, à ces états qui sont hors de toute mesure, mais en fixant les regards sur ces autres pays, qui n'exigent pas de si grands frais, on voit combien il importeroit à leur bonheur, que les terres y fussent divisées et subdivisées en autant de portions qu'ils renferment d'individus; afin que chacun, tenant au sol de son canton par une propriété, eût un intérêt réel à en respecter les lois et à en défendre au besoin l'indépendance : si un ordre semblable de choses est toutefois impossible, les moyens qui y tendent n'en sont pas moins recommandables. Or, quand un habitant, sans patrimoine ni fortune, trouve dans son pays natal la facilité d'acquérir un petit héritage, moyennant une rente perpétuelle et fixe, n'est-il pas constant, que le riche propriétaire, en lui en procurant sur ce pied l'avantageuse possession, fait un acte auquel l'Etat lui-même a intérêt d'applaudir ? Si l'un ne peut éteindre, ni lui ni ses ayans-causes, la redevance qu'il s'est engagé de payer; l'autre n'a point le droit, ni lui ni les siens, d'exiger à volonté le prix de la concession qu'il a faite : tout enfin paroit sagesse et équité, dans ce qui constitue le cens ainsi établi.

Au surplus, nous n'entendons pas faire indirectement la critique des résolutions souveraines, qui ont été prises, il y a quelques années, par un Prince d'au-delà des Alpes (1), et dernièrement par la France, pour proscrire à jamais le cens des terres de leur domination.

10°. Dans ces derniers temps, la république de Berne, forcée de réprimer ceux qui, criminellement ou inconsidérément, travailloient à bouleverser l'ordre établi dans ses foyers, a méchamment été accusée d'employer des mesures tyranniques. C'en étoit fait du pays de Vaud, et probablement de la presque totalité de la Suisse, si à cette époque le gouvernement, par des actes de foiblesse ou sanguinaires, eût tenu une conduite différente de celle qu'il a observée, avec

---

(1) *Le roi de Sardaigne.* — Quand les François, sous la conduite du général de Montesquiou, entrèrent en Savoie avec l'intention de l'affranchir de la féodalité, il y avoit déjà près de vingt ans, que Victor-Amédée l'avoit abattue par un édit plein de sages dispositions.

Note faite en 1794.

autant d'habileté que de prévoyance. Que les incendiaires des états ; que les sots, jamais contens de rien, murmurent tout à leur aise d'avoir été contenus à temps. Qu'importe ? Le gouvernement de Berne , en empêchant que le crime fût consommé , sans recourir même aux échafauds , a sauvé le pays , et il a mérité par conséquent d'être applaudi de tous les gens de bien (1).

11°. Les vignes du pays de Vaud en sont une des principales ressources ; et d'après les institutions de police , la quantité de vin qu'on en exporte chaque année , doit être connue du gouvernement. Pour l'exportation d'un tonneau de quatre cent pots de Berne , revenant environ à sept cent cinquante pintes , on doit payer un *batz* , soit trois sols de France : cette modique imposition , qui exige des frais de bureaux et d'enregitrement , ne peut être considérée comme un impôt.

12°. Si l'on prétendoit infirmer ce que

---

(1) Article fait en février 1795.

j'ai avancé, à l'avantage des hauts-officiers du canton de Berne, en rappellant ce fameux procès soutenu par un avocat étranger, contre M. T**. bailiif de N**, et d'autres personnes du gouvernement et du pays de Vaud, on ne feroit qu'opposer un fait isolé, d'ailleurs exposé insidieusement, à une suite continue de preuves, qui toutes sont de notoriété publique. Le Bailiif eut dans l'affaire des torts réels; et comme il avoit des talens distingués et infiniment d'esprit, ses fautes furent beaucoup plus sensibles. Sa partie adverse étoit un homme ardent, tracassier et souverainement dangereux. Le jeune homme, produit comme une victime (1), n'a eu qu'à se louer de LL. EE. Les personnes de l'état de Berne, compromises dans le procès, ne se sont pourtant fait connoître, dans leurs plus éminentes fonctions, que pour convaincre qu'ils étoient des hommes probes et jaloux de l'honneur. M. A**, accusé de ruse et de souplesse, est un homme seulement

____

(1) Son esprit, ses connoissances variées et son amabilité, lui ont valu, depuis qu'il est entré dans le monde, l'affection et l'estime publiques.

habile et honnête (1). M. L**, qui a noirci la réputation de gens qu'il ne connoissoit toutefois que d'après les rapports de leur plus cruel ennemi, a fondu habilement des faits vrais avec d'autres faits aventurés et jetés adroitement sur la scène, pour faire mieux ressortir le sujet du tableau, ou pour lui donner une teinte plus forte encore. Dans ce procès, cet avocat a fait entendre la voix mélodieuse du rossignol, et il a fait sentir les serres cruelles du vautour.

13ᵉ. Les citoyens de l'état de Berne, jouissent chez l'étranger de certaines prérogatives militaires : ce privilége, qui indispose quelques personnages à prétentions, est très-indifférent à la partie laborieuse du peuple, dont la félicité n'est assurément pas dans la fumée des honneurs. Quels hommes, au reste, en sont jaloux ? C'est une classe de gens, qui sous le prétexte d'élever les uns et d'abaisser les autres, nourrit en soi l'orgueil-

---

(1) Il est bon parent, bon ami, bon voisin, et très-obligeant dans toutes les rencontres. J'ignore au reste s'il vit encore.

leux sentiment de se mettre un jour au-dessus d'eux tous.

14°. Les villes du pays de Vaud , en plaçant au vingtième denier, les sommes que leur prête au centième l'état de Berne, pour le terme de vingt-cinq ans, payent l'intérêt du capital et s'en libèrent enfin sans bourse délier : le bénéfice qu'elles font sur l'intérêt, pendant cet espace de temps, ne finit-il pas en effet par acquitter le tout ?.....

15°. On peut affranchir ses possessions du droit de pâturage , que les communes y exercent après la première récolte , en payant un prix dont le *maximum* est fixé : l'on peut aussi obtenir d'elles, que l'effet en sera suspendu , moyennant une rétribution convenue pour le temps qu'on détermine. L'affranchissement de ce droit est préférable à l'acte qui en suspend l'exercice , quelle que soit la différence du prix qu'on en donne ; car la pièce de terre qui en est relevée pour toujours , et qu'on nomme alors *pièce à record*, acquiert une valeur nouvelle et réelle (1).

____

(1) Quand on veut acquérir un domaine dans

16°. Nous avons dit au chapitre précédent : *la différence, qui est établie, entre un étranger propriétaire-foncier et un bourgeois ne possédant rien, a quelque chose au premier abord de repoussant et d'odieux.*

A cette chagrinante impression, qu'éprouve ordinairement quiconque est partie intéressée, succède un tout autre sentiment, quand on vient à réfléchir, que ces communes, composées pour la plupart de cultivateurs paisibles, ne jouissent des avantages attachés aux bonnes mœurs, que par la simplicité de leurs manières et l'intimité qui règne entre leurs familles respectives; et comme l'arrivée de gens de tous les coins les corromproit tôt ou tard, et infailliblement, on finit par applaudir à toutes ces mesures arrêtées, pour empêcher en quelque sorte les étrangers de s'établir au milieu d'elles. D'ailleurs, les de-

---

un lieu quelconque du pays de Vaud, il est convenable de s'informer, avant de conclure, si les bois, les champs et les prés, qui en font partie, sont des pièces à record : les bois qui ne sont pas à record, sont ouverts toute l'année au bétail des bourgeois de la commune.

voirs recommandables qu'elles sont appelées
à remplir, rendent bien légitimes les charges
auxquelles elles soumettent ceux qui ne leur
appartiennent pas : c'est particulièrement dans
la faculté d'imposer d'après des règles fixes,
dans le droit encore de percevoir les taxes
à leur profit, qu'on reconnoît en chacune
de ces communes le caractère d'une république distincte.

17°. Ces communes sont avec fondement
très-jalouses de leurs priviléges. Aussi, les
bourgeois qui les composent, ne pourroient
se passionner pour *les droits de l'homme*,
que d'après de fausses idées ou de perfides
raisonnemens : rien ne leur seroit si contraire que la promulgation de ces droits.
N'ayant par leur nature aucune borne, ne
sont-ils pas d'ailleurs par essence subversifs
de toute espèce de gouvernemens ?

Par un rappel public et formel aux droits
illimités de l'homme ; par ce seul acte, qui
autoriseroit chacun à dire légitimement, et
malgré tous les commentaires : *je suis chez
moi par-tout où je me trouve*, le pays de
Vaud, ainsi que ceux où la propriété est
positive, cessant alors d'être distingué des

autres contrées, seroit ouvert à tous les habitans de la terre ; et les communes de ce
pays, ne pouvant désormais exclure personne
des biens qu'elles possèdent légalement,
verroient leurs droits particuliers disparoitre
par le fait et pour toujours.

Si ces honorables Communes ne veulent
pas éprouver un jour des regrets aussi amers
qu'inutiles, qu'elles redoutent ce débordement anarchique qui déja porte la désolation au loin ; qu'elles se rallient toutes avec
zèle autour de leur gouvernement, pour qu'il
puisse réprimer, avec un notoire avantage,
quiconque oseroit machiner contre l'existence
de leurs coutumes auxquelles elles doivent
tout ce qu'elles sont.

Anecdote (1).

Le Suisse, ainsi que son voisin le Savoyard, est hospitalier sans ostentation : cette belle qualité a failli être funeste à l'Helvétie. Dans le nombre de ces traits perfides et noirs, qu'on pourroit citer, il en est un sur lequel nous nous arrêterons.

Un étranger, après avoir vécu dans l'aisance en différens endroits de la Suisse, fut ailleurs pour y revenir dans un état de dénû-ment sensible, qui ne rebuta point les maisons qu'il avoit fréquentées. Au contraire, il en fut accueilli : l'une d'elles lui accorda l'hos-pitalité avec une délicatesse peu commune. Que fit cet homme, si heureux dans sa mi-sère ? Il bouleversa le ménage de son géné-reux ami, et il répandit la mésintelligence dans toute la famille. Démasqué et confondu, il s'en éloigna pour errer çà et là : il se rendit ensuite dans une petite ville du pays de Vaud, où il végéta sous le poids de la fatigante oisiveté. Son histoire n'y étoit qu'imparfai-

____

(1) Article fait en 1795.

tement connue; et craignant de commettre
à son égard une sorte d'injustice, on l'admit
dans les sociétés, et cependant avec quelque
réserve. Mais quand une fois sa turpitude y
fut dévoilée, on l'évita sans ménagement,
et il se vit alors contraint de demeurer à
l'écart: il prolongea son séjour dans l'endroit
en continuant d'abuser de la bonne-foi d'un
particulier confiant et généreux. Quelque
temps après, et à cette époque où une multitude de journaux se répandit avec fracas,
pour l'instruction de toute la Terre, il ca-
lomnia avec adresse l'autorité baillivale, qui
le protégeoit encore : le fait, faussement
avancé, pouvoit avoir les plus graves conséquences; mais comme dans le lieu, il n'étoit
personne qui ne fût en état de rendre témoignage à la vérité, le Baillif, dont les sentimens pour la liberté et le bonheur des peuples ne sont point équivoques, eut le bon
esprit de ne faire aucune poursuite juridique : il en fut toutefois cruellement affecté,
et c'est ce que je certifie en parfaite connoissance de cause. Enfin, le jour arriva où
cet homme, de son propre mouvement,
quitta le pays pour venir en France jouer un
rôle et y trouver la mort : sous la puissance

encore de Robespierre, ce dangereux person-
nage a été rayé du nombre des vivans..... Ce
Robespierre, à qui seul on attribue, avec
tant de complaisance, les principaux forfaits
de la révolution; qui étoit en effet devenu
horriblement farouche; qui n'étoit certainement pas sans talent ni sans moyens, quoi
qu'en disent les gens pleins de courage après
le danger; qui sûrement auroit été loin, sans
son aveugle et excessive barbarie; ce Robespierre enfin, sous certains rapports, étoit
cependant un homme admirable pour nettoyer
le monde de ses immondices. Si cet idolâtre
de la multitude eût épargné l'innocence, et
qu'il s'en fût même constitué le protecteur;
si l'enthousiasme se fût toujours concilié en lui
avec l'adresse et la présence d'esprit, tous
les François, sous sa dictature, devenoient
des Spartiates, et je ne sais trop alors, si la
postérité auroit pu lui refuser une place parmi
les hommes étonnans que les siècles ont produits.

PENSÉES DIVERSES.

« Hommes libres, de quelque pays que vous soyez, faites attention à ces mots, que toute ame indépendante et fière n'oubliera point après y avoir réfléchi : *de la liberté à la licence le pas est glissant ; de la licence à l'anarchie l'espace est court ; de l'anarchie à l'esclavage le chemin est ouvert.* O hommes libres, respectez assez vos droits pour n'en abuser jamais ! »

« Qui aime la liberté, lui rend hommage en la respectant chez les autres ! »

« Les préjugés sont les garans de toutes les institutions humaines : eux seuls ils en sont les vrais conservateurs ; et quelle que soit la force de ces raisonnemens qui tendent à les proscrire, jamais l'ouvrage de l'homme ne pourra se passer de leur assistance. »

On peut très-bien parvenir à démontrer victorieusement la folie d'une opinion, que naguère l'on croyoit de toute sagesse ; mais jamais on ne parviendra à mettre les hommes au-dessus de toute espèce d'erreurs : une seule erreur accréditée suffit d'ailleurs pour faire tomber la multitude dans une infinité d'autres.

———

« L'espoir de détruire toute espèce de préjugés, n'a rien absolument de plausible. D'un préjugé détruit, naîtroit un autre préjugé : les passions de l'homme ne l'entraînent-elles pas toujours à donner telle ou telle importance à des choses qui par leur nature n'en ont point de réelle ? »

———

Prêcher le mépris de toute espèce de préjugés, c'est provoquer inutilement la destruction de l'édifice social ; mais comme cet acte peut toutefois occasionner des malheurs inouis et sans nombre, en couvrant de ridicule les institutions et les scrupules même les plus louables, il est à propos d'en faire appercevoir tout l'odieux, et de prouver ainsi, que ceux qui se permettent cet acte, sont des hommes en délire ou des ennemis déclarés de tout ordre public. Deux mots, exprimant une vérité incontestable , et qu'on n'a pas encore osé mettre franchement au jour , suffiront d'ailleurs pour porter l'effroi dans les ames honnêtes , et les garantir conséquemment du libertinage de la philosophie.

La plupart des vertus , des crimes ou des vices , ne sont en dernière analyse que des préjugés. L'entendez-vous , pères et mères de familles ! .... Et vous hommes dangereusement spirituels , vous qui cherchez par vos écrits et vos propos à proscrire tous les préjugés , ne travaillez-vous pas à détruire la tendresse des pères pour leurs enfans , le respect que ceux-ci leur portent , la fidélité et la foi conjugale , la pudeur et la chasteté , toutes ces qualités recommandables que la société a si sagement placées au rang des vertus ? Eh ! oseriez-vous dire que l'infamie attachée au vol , à l'inceste , à tous ces autres actes que les seules lois sociales désignent et condamnent , n'entrent pas de droit dans vos vues de proscription générale ? ....

———————

Si toutes les actions étoient considérées par la multitude comme étant indifférentes en elles - mêmes, l'heureuse distinction que l'on fait entre le bien et le mal n'auroit plus aucune force sur cette multitude, que par les seules lois positives.

———

Contre-nature. Cette expression, que si souvent on emploie, est purement hyperbolique ; car tout ce que la nature ne permet point, demeure absolument sans effet. Donc tout ce qui peut avoir son effet n'est pas en opposition à la nature.

Comme le développement de cette assertion, ne pourroit que blesser sensiblement les préjugés favorables aux mœurs, nous nous garderons bien d'en dire davantage. Mais n'en voilà-t'il pas assez, pour faire sentir que dans le nombre des choses vraies, il en est quelques-unes qui ne doivent jamais être publiquement démontrées ?

———

Quelles vérites et quels sentimens importe-t'il le plus d'inculquer aux'hommes pour leur bonheur ? Cette sage question, qui a été faite par une société littéraire, établit implicitement que toutes les vérités ne doivent pas être universellement connues.

———————

Ce sont les préjugés, qui donnent à telle ou telle action un caractère de réprobation ou d'approbation : sans eux, les paroles, les manières, les diverses postures, ne seroient soumises à aucune espèce de décence.

———————

La philosophie a ses bornes, au-delà desquelles la folie se trouve et les dangers abondent.

———————

On est fondé à croire, que celui dont les raisonnemens tendent à affoiblir la nature d'un acte, que la société réprouve, est déja familiarisé avec l'abus criminel qu'il tâche de justifier ; et plus il sera méthodique dans la manière de se faire entendre, plus il donnera des raisons pour qu'on le croie coupable.

———————

« La philosophie nous conduit à reconnoître cette vérité imposante : *les hommes sont égaux entr'eux ; par-tout l'homme est l'égal de l'homme.* Si , par des accidens particuliers , ils n'ont pas tous les mêmes moyens pour jouir les uns comme les autres des avantages de la nature, ils n'ont pas moins également le même droit à ses bienfaits. Cependant, si le sens de ces mots : *les hommes sont égaux entr'eux*, étoit présent à tous les esprits , il pourroit bien , de temps à autre , les entraîner à bouleverser les institutions sociales, dont l'existence porte essentiellement sur le principe de l'inégalité des conditions. »

———————

Les lois doivent rapprocher les hommes de l'état de nature. Cette proposition est très - philosophique ; mais le précepte qu'elle suppose est assurément difficile à observer. Que peuvent les lois à cet égard, si les besoins variés et sans nombre , que les arts occasionnent et que le commerce propage, ne cessent de tendre à une fin contraire ?

———————

L'inégalité des moyens parmi les hommes, que détermine forcément l'organisation d'une société civilisée ; les institutions qu'une telle

société suppose (1), s'opposeront éternellement, malgré tout le sublime de ce projet
de nivellement formé par certains docteurs,
à la proscription de toute espèce de distinctions sociales.

—————

Hommes à talent, vous qui sur les autres
avez une sorte de puissance , faites sentir
qu'il est peu de préjugés, qui n'ait un côté
philosophique et par conséquent louable! Tenez-vous en donc à donner à ceux qui sont
favorables aux mœurs , au maintien de l'ordre social , la direction la plus propre à les
faire valoir avec avantage : le bien que vous
occasionnerez alors sera votre triomphe ; et le
suffrage des gens honnêtes , que vous aurez
mérité , sera votre glorieuse et mémorable
récompense !

—————

Comme il est impossible de porter les institutions humaines à la perfection ; qu'elles
ne cesseront au contraire d'être attaquées ,

—————————————

(1) Les institutions , quelles qu'elles soient , sont
toutes autant de chaînes plus ou moins pesantes : cela
est une vérité.

plus ou moins ouvertement, par ces innombrables passions, qui concourent diversement
à rendre les hommes en société si différens
les uns des autres, l'on est forcé de convenir, que le meilleur des gouvernemens sera
toujours celui que l'expérience attestera être
le moins mauvais en soi. Il en est de même
de l'homme ; car le plus parfait des mortels,
sera constamment celui qui aura le moins de
défauts en partage : étudiez le cœur humain ;
observez la multitude ; consultez l'empire
des choses, et jugez seulement ensuite si
cette proposition est vraie ou paradoxale.

En toutes choses, plus on réfléchit sur le
principe d'où l'on part, plus on voit combien
les conséquences qui en résultent se prêtent
mutuellement des forces.

« C'est assurément une belle chimère, que
de croire qu'on puisse porter les lois au degré de la perfection. De quelque manière
que les hommes s'y prennent, leur ouvrage
se ressentira toujours des foiblesses et de
l'imperfection humaines. Aussi, pour juger du
bonheur d'un pays, ce qui est autre chose

que d'en rechercher les causes, il ne s'agit
pas d'analyser les parties qui le constituent;
mais il s'agit d'y procéder d'une manière
comparative. Or, quand on voit dans un
état peu de fortunes considérables, une aisance presque universelle, la mendicité absolument inconnue, on doit l'estimer, quelle
que soit d'ailleurs la forme de son gouvernement, meilleur que tous ceux où ces grands
avantages ne se trouvent point. »

« Il est une infinité de cas dans la société,
où la politique ne peut admettre tout ce que
la philosophie prescrit. La politique, cette
science de convenance, a égard aux lieux,
aux temps, aux choses : les affaires seules de
gouvernement la déterminent dans ses diverses combinaisons; tandis que la philosophie,
embrassant tout le genre humain, manqueroit à son caractère, si, dans ses préceptes, elle
n'avoit pas en vue l'universalité des hommes.
Or, comme les sociétés sont des divisions de
l'espèce humaine, qui n'ont entr'elles que
peu ou point de rapports, on ne peut les soumettre à des règles universelles. »

Telle ou telle forme de gouvernement, ne pourra jamais se concilier avec les localités diverses, les besoins différens des lieux et les passions climatériques des hommes : cette assertion est incontestable. Renoncez donc, fabricateurs de constitutions , à tourmenter les peuples pour les amener à se soumettre à une forme unique de gouvernement !

———

Quand tout est confondu dans un état , que les parties qui le composent , au-lieu d'être mises en ordre , ne présentent au contraire rien que d'incohérent, le gouvernement en est mauvais, dangereux , et par conséquent très-près de sa ruine.

———

« Les lumières du peuple seroient dangereuses au maintien des sociétés : si la multitude remontoit aux principes de toutes choses , elle se soulèveroit contre les institutions diverses qui la gênent ou la contiennent. »

« L'ignorance des peuples fait la honte des sociétés. Quand la multitude vit dans l'abrutissement , elle pratique mal ses devoirs ou elle ne les observe que d'une manière humiliante. »

« Prononçons : la multitude ne doit pas être éclairée ; mais il faut qu'elle soit instruite. »

____

« Dans le sens que nous l'entendons : *l'homme éclairé* est celui qui remonte avec intelligence aux causes de toutes choses ; *l'homme instruit*, est celui qui seulement connoît les conséquences de ces choses, et qui les connoît assez, pour en tirer convenablement une règle certaine de conduite. »

____

« D'un peuple instruit, on voit s'élever des génies remarquables. Comme des éclairs, ces génies, en répandant par fois une vive lumière, empêchent que les foibles ne s'égarent au milieu de quelques circonstances fâcheuses ; et comme le tonnerre, ils effrayent encore salutairement les hommes puissans et audacieux, qui croyoient avant de les entendre que leur position étoit à l'abri de tous les périls. »

____

« La multitude ne pouvant présenter la même unité de vues que les corps toujours petits relativement à elle, il est dangereux, pour ses propres intérêts, de l'exposer, par un exercice trop étendu de pouvoir, au choc des divisions, qui, tôt ou tard, l'affoibliroient et la feroient passer insensiblement ou précipitamment de la liberté à l'esclavage. Ainsi, quand un gouvernement n'a pu résister au renversement total de ce qui servoit à le maintenir, dans la plénitude de sa trop grande puissance, c'est favoriser le retour de ses moyens, et d'une manière particulière, que de donner au peuple (1) une influence trop active dans les affaires de l'État. »

Le peuple est vraiment libre, lorsque la loi, quelle qu'en soit la sévérité, est absolument obligatoire à chacun.

Les devoirs austères, quand personne ne peut s'y soustraire impunément, caracté-

---

(1) Je dis, *donner au peuple*; car je ne crois point que les hommes en masse, à l'origine des sociétés, ayent fait tous ces raisonnemens sublimes, sur l'organisation sociale, que leur prêtent si gratuitement tant de fameux philosophes.

risent mieux la dignité du peuple , que le droit illimité , toujours illusoire d'ailleurs pour le plus grand nombre , de parvenir à toutes les fonctions de l'Etat.

———

Le champ de la liberté et le domaine de la licence , si visiblement près l'un de l'autre , ne peuvent être sagement séparés , que par l'autorité d'un gouvernement bien entendu : sans cela , l'anarchie vient à les confondre ensemble , et ce qu'on nomme *liberté* n'est plus alors qu'une outrageante dérision.

———

Quand un gouvernement , au lieu de prendre des mesures sages, est assez pervers ou imbécile, pour se dissimuler les conséquences déja sensibles d'un mécontentement général, il justifie d'avance les excès auxquels le peuple peut enfin se porter.

———

La résistance opiniâtre d'un gouvernement, à une réclamation évidemment juste du peuple (1); les moyens extrêmes auxquels

———

(1) Je parle d'un peuple absolument à lui-même,

il peut avoir recours, pour faire respecter en silence le refus qu'il oppose, provoquent bien plus un soulèvement général, que la sévérité de la marche qu'il tenoit peut-être depuis long-temps.

—————

Quand un gouvernement est travaillé par une faction de novateurs, qui chaque jour devient plus arrogante, par les menées sourdes d'un état voisin et dangereusement formidable, il lui faut une sagesse consommée et une habileté peu commune, pour se maintenir dignement en face d'un pareil danger : les arrêtés que la foiblesse accorde, et que les menaces obtiennent ; les demi-mesures, toujours funestes en politique ; les lenteurs apportées à faire ce que les circonstances réclament alors tout d'un coup, et avec beaucoup d'art ; le défaut de fermeté réfléchie vis-à-vis de tous ; la crainte de sévir contre les grands coupables ; trop de sévérité contre les individus en sous-ordre ; l'imprudence inconcevable, dans une telle conjoncture, à pro-

—————

et non point d'une faction insolente, et bêtement asservie à quelques démagogues.

noncer le bannissement de ceux que l'on redoute, ou à provoquer leur fuite par des démarches inconsidérées, sont toutes autant de
choses, qui entraîneroient ce gouvernement
dans des embarras sans nombre, ou peut-être
à sa ruine, s'il n'y prenoit garde avec le plus
grand soin.

———————

Quand un gouvernement, sans avoir des
moyens suffisans de répression, inflige des
peines infamantes à des factieux en fuite, il
commet une faute insigne et souverainement
dangereuse : les parens des condamnés par
contumace, leurs amis et une infinité d'autres,
prennent alors parti dans l'affaire ou ils se
prononcent plus ouvertement ; ils deviennent
terribles dans leurs projets de vengeance; et
ils ne se lassent point, jusqu'à leur dernière heure ou à l'accomplissement de leurs
vues, de fomenter dans l'état le mécontentement et la discorde. Que d'autres réflexions à
faire sur la conduite que les fugitifs peuvent
tenir chez l'étranger, où ils trouvent peut-
être assistance et protection !.....

———————

« S'il est pour l'homme des occasions où il

sait trouver une sorte de gloire à exposer et à sacrifier même ses biens et sa vie, il n'en est aucune où un Etat ne fût honteux d'abandonner à la force une partie de son patrimoine. »

———

Un ennemi victorieux, qui impose des conditions humiliantes à celui qu'il a vaincu, après l'avoir encore attaqué sur tous les points, doit s'attendre à des revers bien mérités.

———

« Les contrées dont les chefs suprêmes résident dans d'autres pays, sont exposées à d'innombrables abus d'administration : souvent ceux qui s'y transportent, revêtus de pleins pouvoirs, songent plus à y faire leur fortune, ou à l'augmenter scandaleusement, qu'à y bien conduire la chose publique, et à rendre bonne justice à chacun. »

———

« La classe d'hommes étrangère aux droits honorifiques du pays qu'elle habite, devroit absolument jouir de grandes immunités : la comparaison de *tout* à *rien* est trop choquante, pour qu'elle puisse demeurer sans produire de très-violens effets. »

———

« Ce seroit pour un pays la plus belle des découvertes, que celle qui mettroit en évidence le meilleur moyen d'y porter chaque individu à concourir d'affection à l'harmonie générale (1). »

————

« L'objet des sermens imposés aux nations, est de *défendre* telle chose et d'en *prescrire* telle autre : il est bien autrement criminel de transgresser ce qui est défendu, que de se soustraire à ce qui est prescrit. »

————

Un gouvernement, qui exige un serment contre le gré des consciences, fait un acte grandement tyrannique : sans aucun doute, il justifie à l'avance, par cela seul qu'il y a contrainte, la transgression de ce qu'il ose ainsi imposer au nom de l'Etre-Suprême ; et

————

(1) Chez la plupart des peuples de l'Helvétie, l'organisation sociale ne laisse à cet égard rien à désirer de raisonnable : il faut au reste revenir toujours à la Suisse, quand on veut se former une idée sensible d'un gouvernement bien-entendu, ou d'une administration constamment sage dans sa marche.

le transgresseur, bien qu'il soit coupable, n'est point parjure à son Dieu.

————

« Les hommes, pour la plupart, estiment moins les choses pour ce qu'elles sont en elles-mêmes, que d'après l'idée attachée aux mots dont on se sert pour les désigner. Or, quand un mot ne donne pas une idée exacte de la chose pour laquelle on l'emploie, qu'il l'outrage au contraire par l'habitude qu'on a prise de le prendre en mauvaise part, il faut alors proscrire ce mot insuffisant ou dégénéré, pour lui en substituer un autre qui puisse produire un meilleur effet. »

————

En politique, comme en matière de législation, les mots ont une importance aussi grave que majeure.

————

« Entre Souverains, quelle que soit l'inégalité de leur puissance respective, les égards et les obligations doivent être réciproques : l'un ne doit point intervenir dans les affaires embrouillées de l'autre, ni être appelé à en garantir les nouvelles lois, que celui-ci n'ait le même droit vis-à-vis de lui dans une circonstance semblable. »

———

« Un gouvernement, qui, en abusant de la force de ses moyens, s'arrogeroit le droit de s'immiscer dans les affaires des autres, s'en déclareroit audacieusement l'arbitre par cette seule violation du droit des gens. »

———

Si un état mettoit au jour des maximes dangereuses à l'existence des autres gouvernemens, il leur donneroit, par le fait, le droit de recourir à tous les moyens possibles pour réprimer un acte si scandaleusement inoui.

———

Quand des gouvernemens, en vue de ménager encore quelques intérêts éphémères, ou par d'autres motifs de circonstance, tardent à se prononcer contre des innovations évidemment attentatoires à leur sûreté et à leur repos, ils méritent en quelque sorte d'éprouver les malheurs qui les attendent.

———

Convient-il que les hommes, qui composent les armées, se marient ou vivent dans le célibat ?

O 4

Si le Souverain est dominé par un esprit de conquête, le soldat ne doit point s'engager sous les nœuds du mariage ; car n'étant pas attaché au sol de l'Etat, par tous les liens domestiques, il aura moins d'efforts à faire lorsqu'il s'en éloignera pour porter le carnage dans les contrées étrangères.

Si, au contraire, le Souverain est pacifique, et qu'il n'ait une force armée que pour la défense de son propre pays, le soldat doit être pris de préférence parmi les hommes mariés : ceux-ci, tenant plus fortement à leur position privée que les autres à la leur, auront un plus vif intérêt à repousser l'ennemi audacieux, qui n'avance et ne s'approche de leur territoire qu'avec l'espoir de vaincre et d'y tout changer.

Les lieux fortifiés, sont la honteuse image de cette défiance qui règne entre les Etats : il est triste de voir tous les moyens que les hommes emploient pour se garantir les uns contre les autres. Il seroit possible, au reste, qu'en organisant mieux les corps politiques, on pût sans danger, pour leur sûreté respective, réformer toutes ces citadelles limitrophes, qui nécessitent encore le séjour de tant d'hommes oisifs, ou redoutables quand ils cessent de l'être.

———

« Les causes de la population ou de la dé-population des empires, situés sous d'heureux climats, tiennent plus à la marche de l'administration qu'à la nature du territoire (1). »

———

« La population d'un pays, au degré où le climat la comporte, est toujours relative à la marche qu'y tient le gouvernement : si l'administration en est bonne, constamment bonne, les hommes s'y multiplieront autant que la culture des terres, portée alors à sa plus grande perfection, pourra fournir aux premiers besoins de la vie. »

———

On se trompe, quand au premier abord on juge de la population d'un pays par l'extrême

———

(1) La valeur d'un territoire, pour le dire en passant, ne dépend pas toujours de l'influence d'un beau climat : le manque d'eau qu'il peut éprouver, ou les inondations auxquelles il peut être sujet, sont de ces inconvéniens, qui ne tiennent pas entr'autres choses à tel ou tel degré de latitude.

population de quelques villes : ces gouffres de l'espèce humaine, ne cessent au contraire d'en dépeupler journellement les campagnes.

Il est des gens qui se soulèvent contre toute espèce de régimes réglementaires. Cependant, combien de petits états de nos jours auroient déja disparu, s'ils n'avoient, par d'austères réglemens, contenu les extravagances de la vanité, et apporté ainsi des obstacles à l'arrivée du luxe, de ce corrupteur de l'innocence, qui, après avoir perverti les villes que lui-même a presque toutes fondées, tourmente encore les campagnes, dont la solitude paroissoit toutefois inaccessible à ses traits.

« Tout réglement somptuaire qui s'en tient à la prohibition, sans prescrire impérieusement ce que l'on doit faire, ne tarde pas à devenir illusoire dans ses effets : l'on est toujours assez ingénieux pour éluder les ordonnances prohibitives; mais l'impuissance se fait sentir, quand on veut se soustraire à celles dont la nature empêche toute espèce d'infractions. »

« Toute loi dont le sens prête à l'arbitraire, est foncièrement une très-mauvaise loi; tandis que celle dont l'effet est en opposition constante à l'infraction de ce qu'elle a réellement établi, est une loi sage, qui, en prescrivant une règle positive et générale, assure la tranquillité parmi les hommes. »

————

« A sa naissance, un Etat n'a besoin que d'un petit nombre de lois ; devenu fort et vigoureux, il lui en faut un plus grand nombre; devenu vieux et perclus, il lui en faut une infinité : telle est en abrégé l'histoire législative des Etats. »

————

A l'origine des sociétés, le consentement de tous, libre, forcé ou tacite, laissa à un seul ou à plusieurs le soin de la direction des affaires.

————

Une société, formée accidentellement, peut très-bien se passer de lois pour un temps plus ou moins long. Mais son existence, à partir du jour même qu'elle fut créée, suppose essentiellement la présence continue d'un chef ou d'un pouvoir-dirigeant.

————

La puissance législative , qui suppose la faculté de raisonner et de combiner , n'a pu, sans doute , se déployer que d'après des inconvéniens connus ; et c'est pourquoi , il paroît très-probable qu'elle a été précédée du pouvoir-exécutif (1).

***

La loi n'a point d'action par elle-même : elle ne peut avoir son effet , que par le ministère du pouvoir-exécutif.

***

La position des Etats , vis-à-vis les uns des autres , exige que les plus considérables d'entr'eux donnent à leur pouvoir-exécutif une sorte de latitude : les relations que ces puissances soutiennent ensemble , leurs armées sur pied , leurs possessions lointaines , enfin leurs besoins respectifs , le veulent ainsi pour

---

(1) La première fois que cette idée me vint à l'esprit, je la repoussai comme étant très-paradoxale ; mais ayant dès-lors mûrement réfléchi sur son objet, je l'ai ressaisie pour la produire toutefois avec une sorte de retenue.

que les affaires soient toujours traitées avec prudence et célérité.

———

Pour agir, il faut avoir des moyens à sa disposition. Si ceux dont on environne le pouvoir-exécutif sont trop circonscrits, ils ne suffiront pas à ce que le bien ou l'avantage de l'Etat pourra exiger; si, au contraire, ces moyens lui donnent assez de marge pour opérer convenablement, tôt ou tard il en profitera avec habileté pour accroître et affermir sa puissance personnelle : l'un ou l'autre de ces inconvéniens ne peut être prévu ou évité par la loi ; car il est impossible, ne pouvant juger à l'avance de la nature des cas, de l'étendue des évènemens qui arrivent, et par fois inopinément, de soumettre ce *pouvoir* à des règles invariables et sûres.

———

Par sa nature, le pouvoir-exécutif est l'ennemi secret et dangereux de l'autorité ou de la loi qui l'empêche d'être *tout* par lui-même ; car les vues de l'homme, dans l'exercice de ses fonctions ou de son état, tendent toujours à le rendre indépendant ou le moins dépendant possible : les exemples du contraire, que l'on pourroit citer , et qu'ont fournis de loin en loin un noble enthousiasme ou les leçons de la philosophie , ne sauroient suffire pour mettre seulement en doute la puissance de l'ambition ou de l'orgueil sur la presque totalité des mortels.

————

Une des meilleures garanties de la sagesse du gouvernement d'une république , d'une république préservée d'ailleurs de la corruption , par sa localité et les besoins médiocres de ses habitans, est l'amovibilité de toutes les places composant le pouvoir-exécutif (1) , et auxquelles les membres du conseil souverain ont seuls le droit de prétendre (2).

————

(1) Il est toutefois de ces républiques où la sagesse du gouvernement est constamment démontrée, bien que les places du pouvoir-exécutif y soient formellement inamovibles : ce sont autant d'exceptions honorables , dont la cause sera peut-être apperçue dans notre *Essai sur les Gouvernemens*.

(2) Si la république est une *aristocratie-élective* , le peuple entier , sans exception de personne , est ce corps souverain d'où l'on tire les sujets propres à siéger au pouvoir-exécutif. Je dis : *sans exception*

Dans un Etat d'une grande étendue, les places du pouvoir-exécutif doivent être inamovibles : cette condition d'inamovibilité sera plus impérieuse encore, si l'empire porte ses vues au loin, et s'il est obligé de soutenir journellement des relations étrangères ; car la nature des affaires, leur enchaînement comme leurs vicissitudes, y demandent alors une tête toujours attentive, et dont le travail soutenu, les observations suivies, la longue expérience, puissent lui faire constamment tirer avantage de tous les évènemens amenés par les circonstances prévues ou fortuites.

Si le pays est d'une étendue immense, si la population de plus en est considérable, si l'industrie y est encore variée à l'infini, si les affaires y sont enfin prodigieusés et constamment compliquées, il est d'une nécessité extrême que le pouvoir-exécutif y soit conféré à un seul. Un chef a ses passions ; mais elles

de personne. En effet, s'il en étoit autrement, la république seroit autre chose qu'une aristocratie-élective. Ailleurs, nous en dirons davantage.

sont pour un tel pays bien moins désastreuses, que les passions de plusieurs dont le choc et le conflit finissent toujours par mettre l'Etat à l'encan.

* * *

Pour que la sûreté de chacun et le bonheur de tous n'aient pas de notoires dangers à courir, dans un pays semblable à celui que nous venons de considérer, il faut que le pouvoir-exécutif y soit encore héréditaire : la splendeur d'une seule famille y aura des conséquences moins déplorables, que le concours de plusieurs pour parvenir à la dignité suprême par la voie de l'élection.

* * *

Si toutes les parties habitables du globe pouvoient être divisées en petits états indépendans, et garantis de tous côtés vis-à-vis les uns des autres, par leur localité respective, alors on pourroit considérer les grands empires comme étant des fléaux sans fin pour l'humanité.

* * *

Si la surface de la terre ne présentoit de toutes parts que de vastes états, l'universalité des hommes seroit pour long-temps mal-

heureuse. Mais la nature, par cette diversité
de lieux qui admet heureusement la diversité
des formes de gouvernement, a fait plus pour
les hommes, qu'ils ne feront jamais eux-
mêmes avec leurs idées irréfléchies d'égalité
absolue.

———

Le despote est défiant : il ne surveille
qu'avec un sentiment profond d'inquiétude ;
et ses suppôts, animés du désir de lui plaire,
rendent son autorité plus effrayante encore.

———

Les démagogues sont ombrageux : ils se
livrent aux soupçons les plus injurieux contre
quiconque n'entre pas aveuglément ou servi-
lement dans leurs vues ; et la partie du peuple
qu'ils font mouvoir à leur gré, concourt avec
eux à répandre la terreur au nom de la liberté
qu'eux seuls profanent alors avec audace.

———

Sous un despote, si vous êtes prudent ou
lâche, vous vivrez obscurément en paix.

———

Sous les démagogues en force, si vous ne
battez pas en retraite, il n'est pour vous ni
sûreté ni repos.

———

P

Si le despotisme , entre les mains d'un homme inhabile ou pervers , dessèche les contrées qui lui sont asservies ; l'anarchie , de son côté , ravage et bouleverse les pays qui s'y abandonnent (1).

———

Le despotisme observe des règles qui en prolongent la durée ; mais l'anarchie , n'en connoissant aucune , provoque de si horribles excès , que l'Etat qu'elle a renversé ne tarde pas à être ravi à sa puissance.

———

Quand un despote , inhabile ou pervers , est agité par quelques brusques mouvemens de la multitude , il cherche à augmenter en elle le sentiment de la crainte , par des actes violens et répétés d'autorité : si ce moyen ne produit pas l'effet attendu , au-lieu d'éloigner le danger , il le rend beaucoup plus prochain.

———

Quand le despote est profondément effrayé

———

(1) Je crois avoir lu quelque part cette définition exacte de l'anarchie : *l'anarchie est l'absence totale de tout gouvernement.*

du danger qui le menace, il accorde pusilla-
nimement ce que d'abord il auroit dû céder
avec magnanimité et courage ; et c'est alors,
que les plus hardis des mécontens, jugeant
de l'impuissance de ses moyens, se montrent
à découvert pour lui arracher ce qu'il n'est
plus en état de conserver ou de défendre.

———

Un despote doit tout prévoir, pour prévenir à temps ce qui peut entraîner sa ruine.
Quand des clameurs populaires se font inopinément entendre, il ne doit en rechercher la
cause, pour y pourvoir avec intelligence et
sagesse, que dans sa dangereuse administration où il la trouvera bien sûrement. Si tant
d'états ont vu des siècles s'écouler sous le despotisme qui les régit, c'est que les despotes
savent ordinairement prévoir le danger et le
prévenir à propos.

———

« Une révolution politique est presque toujours un acte inévitable (1). Quand elle arrive,

---

(1) Je crois l'avoir démontré dans mon *Essai sur*

l'habileté doit indiquer les moyens propres à
en tirer avantage, le courage doit les déployer
desuite ; et quand le nouvel ordre de choses, en faveur de la liberté , a solidement
été établi , c'est à la vertu , et à la vertu seule,
de soutenir les fins d'un évènement si mémorable. »

———

« Malheureusement le peuple va toujours
au-delà du terme où il devroit s'arrêter. »

———

Le jeu des passions, plus étendu, plus actif, plus violent même, dans l'état social que
dans l'état de nature , a fourni aux hommes
les occasions de mesurer entr'eux leur force
morale. L'inégalité frappante parmi eux à
cet égard , justifie les moyens que la politique a déterminés , avec plus ou moins de

———

les gouvernemens. Dans cette grande partie de mon
ouvrage , nonobstant ce qu'elle peut avoir de bizarre,
l'on verra , si je puis la rendre publique , le développement et l'application de plusieurs de ces idées
que je jette ici en avant, et sur quelques-unes desquelles on doit conséquemment suspendre tout jugement , qui pourroit être injurieux aux sentimens de
mon cœur.

sagesse, pour l'empêcher d'être impunément funeste à la tranquillité publique : c'est donc en faveur des pouvoirs institués, pour contenir le fort et protéger le foible, que chacun a dû renoncer à une liberté illimitée, et assurément inadmissible sous un ordre social quelconque.

———

Un législateur, sage et prévoyant, n'arrêtera jamais aucune mesure, dont l'effet pourroit sensiblement contrarier la nature des choses. Vainement, l'homme entreprendroit-il d'en fléchir brusquement la formidable puissance !

———

« Une connoissance approfondie de l'homme, la faculté de découvrir dans la nature des choses les avantages et les inconvéniens dont elles sont toutes susceptibles, et à différens degrés, seroient particulièrement nécessaires à un législateur appelé à faire époque par des circonstances impérieuses. »

———

« Le feu du génie, la sagacité, la force du jugement, pour donner à un pays des lois, sont des qualités bien autrement préférables, que ces froides connoissances qu'on

acquiert par l'étude seule de la jurispru-
dence. »

« Les meilleures institutions dégénèrent
à mesure qu'elles s'éloignent de leur origine : tel est le sort de l'ouvrage même des
plus sages. O hommes ! tenez-vous en donc
à réformer les abus sensibles de celles sous
lesquelles vos pères vécurent heureux ! »

« Quand un arbre , par l'étendue de ses
branches , porte ombrage aux plantes qui
l'avoisinent , il faut simplement en abattre les
plus longues pour y pourvoir. Mais si l'on
venoit à le renverser , ou seulement à lui
ôter tous ses rameaux, en pure perte on seroit
privé du fruit qu'il donne , et de la retraite
qu'il présente sous la fraîcheur de ses feuillages. »

La législation la plus parfaite en apparence,
celle qui sembleroit devoir convenir le mieux,
sera toujours en défaut de quelque côté ; et
comme tout ici-bas est d'ailleurs susceptible
d'abus et sujet à se pervertir, ce que le plus
sage des législateurs pourroit arrêter à l'effet
d'y pourvoir avec avantage , n'empêcheroit

point que l'objet de ses soins ne demandât constamment de nouveaux soins.

———————

Les essais en administration, les nouveautés dans le gouvernement, la versatilité dans les affaires de l'état, que suppose naturellement l'activité continue de la puissance-législative, ont aussi les plus notoires et même les plus dangereux inconvéniens.

———————

Dans une république sagement instituée, où toutes les opérations du gouvernement sont soumises à des formalités plus ou moins longues, la puissance-législative ne se meut pas avec la même célérité que sous une monarchie sans division tranchante de pouvoirs : cette gêne ne laisse pas d'y être fâcheuse, toutes les fois qu'à de grands maux il faut un prompt remède, et agir au-lieu de discuter. Cependant, si la puissance-législative se déployoit dans la république avec autant de facilité que sous cet autre gouvernement ; qu'elle y fût encore toujours en exercice, on y verroit, attendu le nombre de gens ayant droit d'opiner, de délibérer et de voter, des discussions sans fin, des débats intermi-

nables ou sans cesse renaissans , et si peu de
stabilité dans les affaires , que tout y seroit
en conflit ou tomberoit en confusion : comme
l'on ne peut se soustraire à tous les inconvéniens , il est sage de s'en tenir aux mesures qui en présentent le moins.

Quand on réfléchit sur les dangers que
l'on court en voulant aller du bien au mieux,
on finit par reconnoître la possibilité d'être
plus mal qu'on n'est en effet.

Il est de ces vérités politiques, que bien
des gens ne peuvent saisir ; et si elles sont
de nature à choquer sensiblement leurs passions , la difficulté de les atteindre est alors
pour eux un motif de les décrier, ou du
moins d'en parler comme étant des sophis-
mes ou des paradoxes.

Ce n'est pas dans le tourbillon et les embarras des affaires, où les plus folles passions
agitent le cœur même des plus sages, que
l'on peut être assez avec soi-même pour réfléchir et méditer : les occupations domesti-

ques, les soucis ou les peines qui en sont inséparables, nuisent ou s'opposent encore au libre développement de nos facultés intellectuelles. D'ailleurs, il est de ces hommes qui sont dans un perpétuel état d'enfance.

—————

Ce n'est que d'après des observations longues et soutenues, sur la marche des diverses passions, sur leur *contrariété apparente* dans le même sujet, qu'on peut raisonner sur leur nature, et juger de l'influence que les choses ont sur elles à différens degrés.

—————

« MONTESQUIEU, qui n'a écrit qu'après vingt années de méditation ; Montesquieu, qui a donné plus à penser qu'à lire, a lumineusement découvert le principe de chacune des formes prononcées de gouvernement : *la vertu*, a dit cet homme célèbre, est le principe de la république ; *l'honneur*, celui de la monarchie ; *la crainte*, celui du despotisme.

Vainement, rejetteroit-on cette opinion sentencieuse, parce qu'il existe des républiques corrompues, des monarchies vermoulues, et des états despotiques où l'avilissement n'est pas à son comble. D'ailleurs, s'il est des hommes qui ne sont pas faits pour les usages sous lesquels ils vivent, il ne s'ensuit pas que leur penchant à s'y soustraire, puisse altérer ce qui les constitue essentiellement.

Une république peut donc être vicieusement basée, ou dégénérer d'une manière sensible; une monarchie peut être pervertie jusqu'au plus honteux degré; un état despotique peut par fois donner moins d'alarmes, et tendre tous ainsi à un changement ou à une modification de forme, sans que pour cela *la vertu*, *l'honneur*, *la crainte*, ne soient éternellement les principes fondamentaux de ces trois sortes de gouvernement.

La vertu, dont il est ici question, est ce sentiment que nous avons de nous-mêmes, et qui nous conserve toujours modeste et fier; cette vertu encore, est ce sentiment de courage imperturbable et imposant, qui peut si bien nous mettre au-dessus de toute espèce de revers; cette vertu enfin, est une constante disposition à faire le sacrifice de l'amour-de-soi à ce que peut exiger le bien de la patrie; et cette disposition si louable, qui suppose des mœurs pures, et le besoin pressant de mériter et de captiver l'estime de ses égaux , ne peut avoir de réalité que dans une république , où chacun est sous l'œil de tous, où l'agriculture est encore le premier objet de l'occupation des hommes ; tandis que dans ces républiques, où les citoyens sont à une certaine distance les uns des autres ; où le commerce et l'avidité pour le gain tiennent presque tout le monde en haleine, on voit l'égoïsme triompher insolemment, et le gouvernement aller à grands pas à sa ruine.

L'institution d'un ordre intermédiaire est le caractère distinctif d'un état monarchique ; car sans cet ordre , le monarque est tout ou n'est rien.

L'honneur, ce principe de la monarchie , est ce sentiment qui presse les individus de cet ordre à en demeurer dignes, par des actions grandes et mémorables, par une bravoure à toute épreuve, par une conduite franche , généreuse et ouverte ; enfin par des preuves soutenues d'un loyal dévouement au prince, et d'un attachement inviolable au peuple : cette tâche, si difficile à remplir, sur-tout dans certaines circonstances , couvre de gloire celui qui s'en acquitte bien.

La crainte , sous le despotisme, est ce

sentiment de tous qui porte à respecter **en** silence , même avec effroi, le pouvoir illimité d'un seul. Quand la fureur succède à la crainte , le despote est renversé ; mais quand le despote est rétabli , c'est la crainte seule qui le garantit avec avantage. »

Résumons-nous.

La vertu est l'amour de la patrie , manifesté au besoin par les plus grands sacrifices.

L'honneur est la passion pour la gloire, manifestée au besoin d'une manière héroïquement chevaleresque.

La crainte est le signe de la foiblesse , vis-à-vis d'une autorité ombrageuse et toujours sur le point de devenir sanguinaire.

———

« Suivant quelques auteurs, le principe de chaque forme de gouvernement est *l'amour du pouvoir*. Cependant, quand Aristide, à la bataille de Marathon, remit le commandement de l'armée à Miltiade , ce n'étoit assurément pas l'amour-du-pouvoir qui le portoit à cet acte de magnanimité ; mais *la vertu* : c'est-à-dire, l'amour de la patrie. Quand le comte de Bussy demanda à Louis XIV, après la disgrace qu'il en avoit encourue, à être employé au service de la monarchie, à quel que rang que ce fût, ce n'étoit assurément pas l'amour-du-pouvoir, qui le portoit à cet acte de chevalerie-aventurière ; mais *l'honneur :* c'est-à-dire, le besoin de prouver héroïquement, par des faits, qu'il étoit capable de se couvrir de gloire par-tout où il se verroit placé. Quoiqu'un despote soit très-jaloux de son autorité sans bornes , il est toutefois constant, qu'il n'en doit le maintien qu'à la pusillanimité de tous : c'est donc *la crainte ,* et non l'amour-du-pouvoir, qui est le principe du despotisme. »

Il est de ces monarchies, d'après le mode d'administration qu'elles ont adopté, où la vertu comme l'honneur a son influence.

Il en est d'autres , suivant le caractère du prince et la nature de ses moyens, où par fois la crainte peut succéder à l'honneur.

Dans une république, la passion pour la gloire en annonce toujours la chûte ; et si d'autre part la crainte s'y manifeste , elle est déja tombée dans une corruption mortelle.

Il est un autre principe de gouvernement :

l'esprit de faction. Celui-là, il conserve, pour un temps plus ou moins long, la ré-publique dans un pays où elle a été établie, sans égard aux lieux et aux choses. Sans ce principe, le gouvernement y seroit en butte aux violences de tous ; la république ne tarde-roit pas à y être anéantie, ou le territoire à être divisé en plusieurs états indépendans les uns des autres, du moins pour leur régime respectif ; et avec ce principe, si le gouver-nement est habile et adroit, capable d'opposer toujours à propos et avec succès un parti à un autre parti, la république, forcément, s'y maintiendra au milieu du bruit et des cla-meurs. Cependant, quoique cet esprit-de-faction y soit absolument nécessaire, il est de sa nature extrêmement dangereux : comme certains remèdes corrosifs, que l'on ne prend jamais impunément, il est mortel quand il ne produit pas l'effet attendu.

Lors même qu'une opinion, d'ailleurs ni séduisante ni dangereuse, ne seroit en der-nière analyse que l'expression sensible de l'erreur, son exposition auroit du moins l'avan-tage de faire sentir, si toutefois par sa nature elle étoit d'une certaine importance, que le meilleur moyen d'y répondre est de découvrir quelques vérités utiles à lui opposer.

———

Si des idées erronées et dangereuses triomphent d'abord avec éclat, si elles se répandent encore au loin avec une rapidité extrême, c'est qu'étant produites sous des couleurs séduisantes, elles mettent vivement sous le charme la multitude, toujours affamée de nouveautés merveilleuses ; c'est qu'étant amenées avec beaucoup d'art, elles flattent puissamment les passions des gens même les plus instruits : l'engouement devient alors général ; l'enthousiasme est aussi - tôt à son comble ; et le fanatisme, toujours violent et sanguinaire, toujours actif et menaçant, s'empare desuite des avenues, par où l'humble vérité et la persuasive raison, pourroient arriver avec l'espoir de se faire entendre et de triompher à leur tour. Dans cet état de choses, l'erreur, alimentée par les passions et garantie par le fanatisme, domine avec un notoire avantage, et aussi long-temps que les prétendues merveilles de son objet en imposent.

———

La puissance de l'habitude, souvent malgré nous-mêmes, garantit le maintien des usages : on les proscrit un jour avec hauteur, et l'on y revient humblement ensuite.

––––––

L'opinion, prompte à changer, même à l'égard des nouveautés qui d'abord l'avoient séduite, expose les lois à être dans leurs effets insignifiantes ou nulles. Delà, la nécessité d'attribuer au gouvernement une force capable de les faire respecter; et pour empêcher en même-temps que cette force devînt oppressive, il faudroit pouvoir en déterminer le degré sur ce qu'exigent seulement l'étendue du territoire, la population du pays et le caractère des habitans : la difficulté d'arrêter avec précision une mesure si convenable au repos de l'état, la difficulté plus grande encore de la maintenir au point où l'on peut la fixer, ne seront au reste jamais surmontées victorieusement.

––––––

On l'a dit, et nous le répétons : *le meilleur des gouvernemens est le moins mauvais en soi* (1). Cherchez la perfection, hommes insensés et téméraires !

---

(1) J'avois écrit : *nous l'avons dit et nous le répétons*, etc. Mais ayant remarqué dernièrement cette même idée sur les gouvernemens, dans un ouvrage qui est venu accidentellement à ma connoissance, ainsi qu'un autre du même auteur, j'ai honnêtement dû m'exprimer en d'autres termes.

A la fin du mois d'août dernier, M. de C*** de M** m'écrivit de Versailles : *venez, mon digne ami, venez lire avec moi deux productions renfermant des pensées fortes et lumineuses*, etc. En effet, j'ai lu chez lui les ouvrages intitulés : *de l'Egalité ou principes généraux sur les institutions civiles, politiques et religieuses ; la Correspondance d'un habitant de Paris etc.*, qui a été publiée il y a long-temps, et que M. de C*** et moi nous ne connoissions point : nous avons été, l'un et l'autre, entièrement du même avis sur ces deux ouvrages.

Laissant à part tout ce qui s'y trouve en opposition formelle à nos opinions, et en ne nous arrêtant qu'aux idées neuves et fortement sensibles que l'auteur a mises au jour, j'avoue qu'il n'est point de lecture, qui ait plus captivé mon attention que celle de *l'Egalité*, etc., où il raisonne avec tant de profondeur sur les principes généraux des gouvernemens. Quel penseur et qu'il est aimable encore ! A-coup-sûr, disois-je à M. de C***, cet écrivain a l'ame aussi belle qu'il a le génie élevé.

Note faite en octobre 1796.

Q

Sous tous les gouvernemens, la considération attachée aux diverses fonctions de l'état, est souverainement importante à la tranquillité publique.

La considération publique, pour telle assemblée ou telle personne de l'état, devient imposante à la longue, autant par des préjugés d'une puissance magique, que par la sagesse de l'administration et le mérite personnel des individus en place; et si une suite de circonstances vient encore favorablement à l'appui, cette considération acquiert alors une consistance qui la rend sensible au loin (1).

Quand la considération publique supplée à tout ce que la force pourroit employer en faveur du gouvernement, elle produit un avantage qu'on ne sauroit trop apprécier : les

____

(1) Les circonstances favorables à ce grand effet, sont celles qui peuvent amener le gouvernement à faire par des actes mémorables preuve d'habileté et de sagesse.

membres de l'administration, collectivement et chacun de leur côté, par des procédés paisibles et sages, cherchent alors à ménager l'opinion générale, qui donne si bien d'elle-même un caractère auguste aux opérations de l'état.

———

Dans une république, l'honneur de remplir une fonction doit être compté pour beaucoup, et les émolumens pour peu de chose. Le citoyen, qui y accepte une place en vue de s'enrichir, est un monstre à rejeter : l'amour de la patrie, étranger à son cœur, ne lui donna jamais aucune douce émotion.

———

Dans une république, les honneurs décernés aux premiers magistrats ne sont jamais méconnus, ou tournés en ridicule, que quand le gouvernement est déja sur le chemin de sa ruine.

———

Les magistrats d'une république compromettent toujours l'état, quand ils oublient, soit en public soit en particulier, ce qu'ils doivent eux-mêmes à leur caractère : ils sont alors coupables au premier chef.

———

Les républiques ne devroient conférer ni dignité ni emploi à un célibataire, que la difformité ou les infirmités n'auroient pas réduit à cet état d'égoïsme ou d'isolement.

————

« Sous une monarchie, les opinions favorables aux distinctions transmissibles, sont du nombre de ces préjugés qui soutiennent l'État. »

————

« Dans un état monarchique, ceux qui affectent de n'attacher aucune importance à l'ordre intermédiaire, sont des orgueilleux adroits ou des philosophes à courte vue. »

————

« Dans une république, celui qui s'agite ou met les autres en mouvement, pour parvenir à l'administration, doit en être rigoureusement exclus : on ne peut, sans prévention, le considérer autrement que comme un homme très-suspect. »

————

« Dans une république, l'on doit se défier des égards composés et soutenus. Quand on y est digne du suffrage, l'on ne se remue pas pour l'obtenir ; mais si l'on ne peut se dissimuler qu'on ne le mérite point, et que l'on en soit jaloux, alors on cherche et l'on s'efforce à le surprendre. »

———

« Dans une république, la puissance-législative périt par la corruption du corps qui en est investi, ou par l'habileté du pouvoir-exécutif qui cherche à s'y soustraire : tout y est perdu, quand l'amour-de-soi ou l'amour-du-pouvoir l'emporte sur l'amour-de-la-patrie. »

———

« L'amour-de-soi cause l'indifférence pour les affaires publiques : l'amour-du-pouvoir, qui au contraire porte à s'en occuper, inspire le désir criminel de s'en saisir pour les conduire arbitrairement ; et de ces deux passions, si opposées entr'elles sous le point de vue où nous les considérons ici, les lois reçoivent des outrages dont le mépris fut toujours le tombeau des états. »

———

« L'amour-de-soi, ainsi exposé dans l'un de ses effets, est toujours occasionné dans une république, par l'extrême dépravation des

mœurs : si la nation entière en est abâtardie,
il ne lui reste plus qu'à fléchir sous les fers
de l'esclavage. »

——————

« L'amour-du-pouvoir, qui inspire au corps
exécutif le désir de ravir l'autorité suprême,
lui fait mettre en usage, pour y parvenir,
tous les moyens que la ruse peut enfanter. »

——————

« A son origine, la tyrannie, raisonnée ou
systématique, est honnête dans son ton, modeste dans ses manières, généreuse dans ses
propos, adroite dans tous ses moyens : si elle
frondoit les idées dominantes, elle ne seroit pas si assurée de réussir dans ses prétentions criminelles ; mais en flattant les pe-
tites passions, elle peut espérer avec fondement de subjuguer les uns, de contenir
les autres et de les tous asservir ensuite.
Avec de la vertu, on pourroit toutefois lui
opposer à temps une barrière difficile à franchir et peut-être insurmontable. »

——————

S'il est difficile de se garantir des évènemens que l'on vous prépare de loin, et avec
une habileté consommée, il ne l'est pas

moins de savoir, si ceux qui nous donnent
de l'ombrage méritent réellement nos soupçons. O homme, que tu es à plaindre ! sois
confiant ; tu t'exposes à être dupe : aye de la
défiance ; tu es près de commettre une injustice qui peut un jour retomber sur ta tête !

« Quand on s'abandonne inconsidérément
à des soupçons injustes, envers les membres
du gouvernement, on expose l'état à des
déchiremens sensibles et quelquefois par suite
à des malheurs incalculables : la loi, mise
en action par ses ministres, paroît alors un
joug ; et au-lieu de remplir ses effets, elle
devient victime de l'erreur qui l'outrage. »

« Entre les mains de la plupart des hommes, l'autorité dégénère en abus. Tel est
le hideux empire de l'orgueil : il agite, il
trouble par sa puissance des ames qui n'ont
cependant qu'à réfléchir sur le néant des
grandeurs, sur la briéveté de la vie, pour
se prémunir efficacement contre les fureurs
qu'il inspire et les écarts auxquels il porte. »

Le pouvoir-exécutif est toujours repréhensible , quand il suspend l'exécution d'une loi ; quand il lui prête un sens qu'elle n'a point ; quand il l'interprète à son gré ; quand il la restreint dans l'application qu'elle doit avoir ; quand il lui donne une extension qu'elle ne comporte pas : il est enfin repréhensible , toutes les fois qu'il fait ce que la loi ne permet point , ou qu'il ne fait pas ce qu'elle prescrit.

———

La sévérité du gouvernement, dans tous les cas où les mœurs sont outragées, et les usages antiques tournés en ridicule , est d'une nécessité absolue et particulièrement sous le régime républicain.

———

Un gouvernement est vraiment odieux , quand il tolère l'exposition publique d'objets exprimant l'abandon de toute pudeur ; exprimant encore les outrages faits à la foiblesse ou à l'innocence.

———

Il n'est point de liberté , sans des lois sévères et dures ; et sur-tout il n'est point de liberté, quand le gouvernement peut se permettre d'être moins sévère que la loi ! le grand inconvénient qui en résulte alors, c'est que les exceptions sont admises et avec elles l'exécrable régime de l'arbitraire.

———

Une république sans vertu, est aussi révoltante qu'une fille sans pudeur.

———

Une république, qui n'entend pas s'astreindre, ou n'entend plus se soumettre à de rigides réglemens-somptuaires, est une place sans défense où le plus cruel des ennemis, *le luxe et les passions qu'il développe*, arrive de toutes parts pour y entrer de tous côtés.

———

Les républiques, remuantes et tracassières, finissent toujours par quelque trait de folie.

———

Quand les républiques ont passé leur jeunesse dans le tumulte des passions désordonnées, ou quand elles ont vécu dans la coquetterie et la dissipation, elles ont besoin, à leur déclin ou sur leurs vieux jours, du lien conjugal pour se reconforter ou se soutenir : il leur faut alors, à ces étourdies ou à ces vieilles folles , de la couche *monarchi-que*. Or, il n'est pas nécessaire, comme chacun le sait , de se révolter pour faire d'une fille une femme.

————

Ce n'est qu'à travers les flots de sang, qu'on va de la monarchie à la république ; et si l'état est pourri , c'est presque sans efforts qu'on repasse de celle-ci à celle-là.

————

Un peuple , aspirant à la liberté , l'obtien-dra plus facilement (je me tais sur les moyens) qu'il ne la conservera par sa sagesse.

————

Les villes turbulentes , jalouses d'une li-berté volcanique , sont des séjours de malé-diction : si les hommes , qui y sont entassés, n'ont pas la précaution de s'égorger entr'eux le matin , ils ont malheureusement besoin le soir, en se rencontrant sur leur passage , de se maudire réciproquement dans l'abon-dance de leurs cœurs. C'est particulièrement dans ces villes-là , que le pouvoir-exécutif, sans beaucoup de scrupule , franchit ses de-voirs , viole la loi qui lui est imposée , par

la nécessité où il se trouve de la faire respecter aux autres.

————

L'amour de la patrie, quand il est pur,
a-t'il besoin d'être réchauffé par le sentiment
de la haine, et d'être soutenu par les accès de
la fureur ? O vous, qui confondez si souvent
la liberté avec la licence, réfléchissez-y et
prononcez !

————

L'honorable pauvreté chez tous les individus, je ne-dis pas l'indigence, et moins
encore la misère, est un gage assuré de patriotisme dans une république austèrement
établie.

————

« Les richesses, flattant les passions par
les jouissances qu'elles procurent, altèrent
aussi-tôt qu'elles arrivent toutes les opinions
favorables aux mœurs ; et dès que ces opinions bienfaisantes cessent d'avoir universellement leur empire, la perversité se fait
jour et la corruption gagne ensuite de toutes
parts. »

————

« Les mœurs simples et pures sont le *pal-
ladium* d'une république quelconque. Mais

quand le désir d'amasser des trésors y agite violemment les cœurs, y bouleverse toutes les têtes ; quand le luxe y porte les habitans à se distinguer entr'eux par des extravagances sensibles, alors, et à la honte de ces hommes insensés, si peu dignes du régime républicain , la constitution fondamentale de l'état est minée en tout sens, et finit par s'écrouler au premier choc ou par tomber successivement en ruine. »

« Si la perversité des esprits et la corruption des mœurs, entraînent notamment la ruine des républiques, c'est que leur existence tient à un principe de sagesse ; c'est que les lois, établies dans un temps où les hommes n'y étoient pas corrompus, y sont insuffisantes pour dissiper le mal au moment où il vient à se faire sentir (1) ; et si en

---

(1) Un état, qui s'érigeroit en république à une époque où la corruption y seroit extrême, auroit à cette époque même les plus grands moyens pour se régénérer : l'enthousiasme du peuple , qu'on doit supposer à son comble dans une circonstance semblable , pourroit y produire des merveilles , en

outre il leur est particulièrement difficile d'y pourvoir à propos , par des mesures de rigueur fortement prononcées , c'est que la contagion y gagne de proche en proche avec une rapidité encore plus étonnante qu'ailleurs: la gangrène y atteint presque au même instant toutes les parties, les yeux s'y ferment à la vue du danger, le péril y devient imminent, l'heure de la destruction y sonne déja , l'attention s'y réveille enfin , on y songe alors au remède ; mais..... il n'est plus temps, il n'en est point. »

———

Sous la monarchie, l'on jouit d'une sorte d'indépendance privée , les fantaisies sont tolérées ou permises, les devoirs à remplir envers la société sont peu nombreux, et l'on s'en acquitte ordinairement en payant ; et les jouissances, de toutes les espèces, arrivent et abondent sans que l'état, comme dans la république, coure de si prochains dangers: les hommes à qui toutes les gênes sont insupportables, ceux pour lesquels la dissipa-

———

sacrifices de toutes les sortes, sous un dictateur extraordinairement habile et adroit.

tion est un besoin, ne sauroient être mieux que sous ce gouvernement.

———

La liberté publique est plus positive dans l'état républicain (1) que sous la puissance monarchique; mais cette liberté, pour être maintenue, a besoin que les individus lui fassent le sacrifice de leur indépendance privée.

———

Dans la république, le citoyen doit vivre dans une dépendance absolue ; il doit remplir des devoirs austères, dont il ne peut sans crime se dispenser ; il doit plier sous des formes rigoureuses et se soumettre à des privations sans nombre : il faut être vertueux et fier de sa sagesse, pour être digne d'un tel gouvernement.

———

Il est de ces vérités, tristes si l'on veut, qu'il faut plutôt reconnoître que de s'abuser en murmurant sur les faits qui les caractérisent.

Les besoins factices des hommes, étant un

---

(1) Il s'agit ici de la nature de ce gouvernement, et non pas de tel ou tel pays qui peut n'en avoir que la dénomination.

germe indestructible de nouveaux besoins, les rendent tous esclaves les uns des autres ; et quels que soient à ce sujet les effort de la philosophie , ils ne continueront pas moins de l'être jusqu'à la consommation des siècles.

Rien n'est plus vrai ; l'homme , l'égal de l'homme , sera toujours le serviteur de son semblable : les jouissances diverses que procurent les richesses, sont trop chères à ceux qui ont sacrifié leur repos pour se les assurer et les transmettre aux leurs ; trop pleines de charmes pour ceux qui les ont connues dès leur enfance ; trop attrayantes pour ceux qui s'occupent des moyens de les obtenir ; trop dépendantes des soins qu'elles exigent; enfin , ces jouissances sont par le fait trop nécessaires au plus grand nombre , qui subsiste du travail que lui fournit la variété des objets qu'elles réclament sans cesse , pour que jamais il puisse en être autrement de la proposition que nous venons d'établir. Donc l'homme , toujours d'une manière relative à la place qu'il occupe dans la société , demeurera par ses besoins sous la dépendance de son semblable.

« Les fortunes territoriales se conservent plus sûrement dans les familles , que celles qui sont exposées aux caprices des arts ou aux vicissitudes du commerce ; et par un esprit d'ordre que leurs productions réglées et successives donnent naturellement , elles y maintiennent encore les bonnes mœurs et la modération dans les désirs : il n'en est pas ainsi de ces fortunes roulantes , qui paroissent et disparoissent pour rendre si dissemblables les générations d'une même race ; qui enflamment de plus en plus leurs possesseurs de funestes passions , toutes les fois qu'un surcroît d'opulence vient brusquement ajouter à ses perfides attraits. »

« Le préjugé, défavorable aux arts et au commerce , est pour les pays agricoles un rempart derrière lequel sont à couvert leurs mœurs simples et paisibles : il faut donc y respecter les idées , qui tendent si bien à éloigner l'homme de toute entreprise foncièrement dangereuse. Détracteurs inconsidérés de toute espèce de préjugés, ah ! si le vice vous aigrit et que la vertu vous touche, gardez-vous désormais d'en condamner auc'un avant d'avoir réfléchi sur ses différens effets ! »

——————

Les richesses excessives de quelques familles, auront toujours des conséquences funestes dans les pays agricoles ; elles ne sauroient être que souverainement préjudiciables à la liberté des petits états ; et dans les grands empires, elles peuvent même occasionner un bouleversement général.

——————

Un homme d'une opulence extrême, dont l'ambition n'auroit point de bornes, qui seroit dominé par l'orgueil et assez hardi pour tout oser, assez adroit pour captiver en sa faveur la bienveillance de la multitude ; qui seroit encore entouré de gens habilement pervers et pleins d'audace, de gens qui n'auroient rien à perdre mais tout à gagner à l'exécution d'un grand dessein, et que rien, en cas de revers, ne porteroit à regretter un lieu où en fuyant ils n'auroient que des souvenirs à laisser, un tel homme, dis-je, auroit tout ce qu'il faut avoir, s'il n'étoit surveillé avec le plus grand soin, pour changer dans un Etat la face entière des choses. Eh ! quel est

R

l'empire, le mieux affermi même, qui puisse demeurer sans inquiétude sur ce que peut y produire l'immensité des richesses d'un seul individu ou d'une seule famille ?

————

« La parure des domestiques est toujours occasionnée par la vanité des maîtres ; un cortège nombreux de gens oisifs est encore nécessaire à leur ostentation. Mais si la sottise y trouve des jouissances ; si l'indolence de son côté y sait trouver son compte, que n'en coûte-il pas à la culture des terres, qui perd chaque jour des garçons et des filles, courant en foule dans les capitales pour rechercher cette superbe domesticité ?

Devenu valet en pied ou femme de chambre en titre, le paysan et la paysanne sont ordinairement très-empressés à se glorifier de leur nouvel état, dans les relations qu'ils veulent bien encore soutenir de loin en loin avec les bonnes gens de leur canton. Eh ! comment ensuite manier la bêche avec courage, soigner avec plaisir la volaille et les troupeaux, quand on sait que ses amis ou ses voisins sont au milieu des délices apparentes du faste et de l'oisiveté ? Le chaume

et les villages paroissent alors bien tristes ;
les devoirs des champs pénibles à observer:
l'exemple séduit, la corruption gagne ; et
les campagnes.... sont journellement aban-
données pour devenir enfin désertes. Ainsi,
les villes s'exposent à être les victimes de leur
propre inconséquence : consommantes par
besoin, destructives par vanité, elles en-
gouffrent les productions de la terre et abattent les bras de ceux qui la remuent.

Réduite à elle-même, l'oisiveté demeure
hideuse ; mais enfantée par l'opulence, elle
en est soutenue et elle acquiert encore des
attraits. O vous, en qui réside la puissance
des moyens, vous seuls vous pouvez empêcher
qu'elle se présente sous des dehors trompeurs ! Accablez-la de réglemens épou-
vantables : elle ne sera plus contagieuse !
Elevez sur-tout, au-delà de vos métropoles,
des obstacles invincibles au développement
du luxe, à cette source d'impureté, dont
les plus foibles hameaux sont déja étourdis,
alors ses ravages, en ne parcourant plus les
provinces, ne s'étendront pas jusques sur
ces demeures tranquilles et solitaires ! »

———————

R 2

Sous tous les rapports , les villes grandes et populeuses sont des séjours de corruption : l'on n'y trouve ni mœurs , ni esprit public; l'illusion y est toujours extrême ; la dissipation hors de toute mesure ; les vices y acquièrent de la force pour se répandre au loin ; la perversité s'y empare , dans les langes même du berceau , de la presque totalité des hommes pour ne l'abandonner qu'à la tombe ; la vie n'auroit aucun terme , qu'on y seroit constamment étranger à soi-même et aux autres; on y parle , mais l'on n'y pense point ; la faculté de réfléchir desuite , y est interdite par le bruit et la confusion ; les intimes relations de l'amitié , y sont très-peu connues; les cœurs s'y dessèchent , et l'on y devient insensible; la jeunesse qui arrive , y trouve la perdition si un travail soutenu ne l'empêche; les gens qui peuvent se garantir de la contagion , y sont infiniment rares ; la liberté y est toujours illusoire ou horriblement licentieuse , elle s'y présente sans nul attrait pour quiconque en connoît les véritables charmes. Ah ! quel séjour , que ces lieux dont la possession enorgueillit tant d'Etats !......

SOUVERAINS des Etats, songez que toutes ces fameuses capitales, dont vous tirez une si fausse gloire, seront tôt ou tard l'écueil de votre propre puissance !

Par elles, les gouvernemens seront ébranlés et finiront par disparoître : sur les traces que ces gouvernemens auront laissées, de nouveaux empires se formeront et acquerront de la force ; et là, où l'on ne vit peut-être jamais une seule chaumière, de nouvelles cités s'éleveront avec pompe, pour attester à leur tour l'imprévoyance de l'homme. Alors, pour ces nouveaux empires, le jour viendra où ils seront de même anéantis, et remplacés par d'autres puissances, qui, héritières de toutes les folies de leurs prédécesseurs, seront aussi, à leur époque funeste, renversées par leur propre faute ; contraintes enfin de céder la place à d'autres dominateurs non moins insensés qu'eux tous. Tant que les hommes s'entasseront les uns sur les autres, comme des chenilles sur le même point, ce terrible tableau de mutation n'aura pas de fin.

Dans un recueil de pensées détachées, il en est toujours plusieurs qui n'ont aucun rapport à celles immédiatement placées avant ou après elles.

―――――

« Le corps législatif est une puissance ; le corps exécutif est un pouvoir.

On ne donne pas la puissance : il est de son essence d'être. On confère les pouvoirs : ils ne sont et ils ne sauroient être que ce qu'on veut qu'ils soient.

Le corps qui fait les lois , dispense les moyens pour les faire exécuter : au-dessus de lui , il n'existe aucune autorité quelconque; car autrement , il seroit l'instrument d'une volonté supérieure à laquelle il ne faudroit que remonter, pour voir combien cette proposition est concluante (1).

Si donc il existe un corps qui confère et auquel on ne confère rien, pourquoi le nommeroit-on pouvoir ?.... Le corps législatif n'est pas un *pouvoir ;* mais il est une *puissance* d'où les pouvoirs émanent. »

―――――――――――――――――

(1) Dans notre Essai sur les gouvernemens , nous développons quelques idées sur la *puissance-constituante* , et par conséquent sur l'acte par lequel les états sont constitués.

Le droit de proposer les lois, après avoir été appelé à les rédiger, est une des *attributions* de la souveraineté (1).

La faculté de sanctionner ou de rejeter les lois proposées, est un des *attributs* de la souveraineté.

En effet : ce n'est pas donner la loi à l'Etat, que d'en rédiger et proposer les lois ; mais leur donner la vie par l'acte de la sanction ; soumettre ainsi la nation entière à l'obéissance, c'est déployer une puissance vraîment souveraine. Aussi, l'individu ou l'assemblée qui donne aux lois le caractère de loi, est-il le seul législateur de l'Etat (2).

----

(1) Il est vrai qu'au moyen d'une certaine restriction, le corps exerçant ce *droit de proposer*, peut de temps à autre avoir une volonté absolue, la sanction être alors forcée, et la décision du *sanctionneur* être ainsi par le fait comptée pour rien. Mais comme ce procédé, entr'autres choses, tendroit à faire triompher les opinions d'une cabale accréditée, et persévérante dans ses vues, nous ne nous arrêterons pas plus long-temps sur un sujet si ingrat.

(2) Plus sensiblement encore, il en est le Souverain reconnu. Dans les états-républicains, où la

Malgré tous les sermens exigés par la violence, l'on n'est point criminel aux yeux de la raison, en ne se conformant pas à la loi imposée par des révoltés en force ; on ne l'est pas même encore, en lui résistant

sanction des lois est soumise à une volonté unique, ne qualifie-t'on pas en effet *Souverain* celui qui est appelé à la manifester ?

Dans toutes les *républiques*, comme dans tous les *états républicains*, et que l'on ne doit pas confondre ensemble, il est un *sénat* qui propose les lois, et une *autorité distinguée* qui les rejette ou les approuve ; mais avec cette différence, que dans les républiques, quel que soit d'ailleurs leur régime particulier, le sénat n'est composé que d'un petit nombre comparativement à l'assemblée où cette *autorité* réside ; tandis que dans les états-républicains, cette même autorité est le partage formel d'un seul : il y auroit sur ce sujet une infinité de considérations à faire en faveur de ce qu'il présente d'établi. Toutefois nous nous entiendrons à observer, que dans toute république, où le droit de sanctionner les lois appartiendra à la moins nombreuse des deux assemblées, le gouvernement, peut-être sans 'en douter, participera plutôt des institutions monarchiques que des formes vraîment républicaines.

Note faite en 1796.

en face, ou en cherchant à la détruire par
tous les moyens que l'on a par devers soi.
Mais quand une fois le temps, ou l'assentiment général, a purifié cette loi pri-
mitivement inique, alors en ne s'y conformant pas, l'on se rend coupable de déso-
béissance ; alors en lui résistant, l'on fait
soi-même un acte de rébellion ; et en se
soulevant alors contre elle, en vue de la
renverser, on lève à son tour l'étendart de
la révolte.

———

Il n'est pas un état en Europe dont les réglemens et le détail de l'administration, ne
puissent fournir les meilleurs exemples à
des régénérateurs de gouvernement.

Cependant, il ne s'agiroit pas qu'ils fis-
sent inconsidérément l'application de telle
ou telle chose au pays soumis à leur réforme ; mais il importeroit au peuple, dont
le bonheur doit être l'unique objet de leurs
vues, qu'ils prissent une connoissance exacte
de tout ce que les autres nations présentent
depuis des siècles de réellement bon ; afin
d'augmenter le produit de leurs propres lumières par le flambeau de l'expérience, qui

seul d'ailleurs peut empêcher que les plus sages même ne s'égarent.

————

Les raisonnemens, qui portent sur les choses dont l'évidence nous frappe, sont bien plus concluans que ceux qui ne roulent que sur des points encore en question.

————

La république de Genève, ainsi que celles qui honorent encore l'Europe par leurs lumières et leur modération, présente des réglemens de police si bien entendus, qu'il ne seroit guère possible d'en concevoir de meilleurs en faveur de l'ordre public et pour l'avantage de chacun : le détail de ces réglemens (1) seroit digne de fixer l'attention de quiconque est appelé aux premières fonctions municipales (2).

————

(1) J'en ai donné une longue note à un Auteur sentimental et agréable, avec l'espoir qu'un jour il daigneroit en tirer quelque heureux parti. S'il veut bien s'en occuper, quand il songera à nous favoriser encore de ses charmantes productions, le public lui saura gré sans doute du temps qu'il aura sacrifié à ce travail. *Note faite en* 1795.

(2) Je ne sais au reste si cette Genève mérite en-

L'esprit se délasse par la variété des objets qu'il soumet à son application.

Si les objets gagnent ou perdent à être vus suivant le jour où on les considère, les faits courent la même chance, s'ils ne sont pas exposés avec une scrupuleuse exactitude : la tournure du récit qu'on en donne, n'influe que trop sur le jugement qu'on en porte. On ne voit, le plus souvent, qu'à travers le prisme des passions d'autrui et des siennes propres.

Si le sujet soumis à notre examen, met en bien ou en mal nos passions en mouvement, il est presque impossible que le rapport n'en soit inexact ou faux.

---

core ce tribut d'éloge que je me suis plu à lui donner, en composant les Soirées d'un Solitaire. Depuis qu'elle s'est prostituée à tant de nouveaux venus, et qu'elle mène une vie de dévergondée, je l'ai entièrement perdue de vue.

Note faite en 1796.

De la plus légère prévention, il peut résulter une opinion erronée et de suite un jugement téméraire.

La présomption, ce caractère d'un amour-propre excessif, étouffe dans quiconque en est plein le sentiment de son imperfection : il faut cependant en avoir le sentiment, pour parvenir à la rendre moins sensible.

S'il étoit possible d'enseigner, avec précision, à diriger convenablement en soi l'amour - propre, ce seroit un sûr moyen d'amener l'homme à s'affranchir de bien des peines.

Se rendre raison de ses idées, les analyser, en tirer ensuite un résultat qui puisse servir de règle de conduite, est une faculté commune à tous les hommes.

C'est une idée absurde, que de croire à la possibilité de donner par l'éducation un caractère opposé à un caractère quelconque :

le caractère de l'homme ne se tourne pas ainsi ; mais l'on peut toutefois, si les circonstances y concourent, le modifier jusqu'à un certain point.

———

La froideur du tempérament, les glaces de l'âge, font bien plus de philosophes que les maximes les mieux entendues.

———

Le tempérament de l'homme est l'ame de son caractère : ce qui est naturel en lui ne peut cesser de l'être entièrement. Mais si l'on ne peut faire remonter un fleuve à sa source, toutefois avec des efforts et des moyens l'on peut très-bien parvenir à en diriger le cours.

———

Les premières impressions que l'homme a reçues, laissent dans son cœur de ces traces si profondes, que rien au monde ne sauroit entièrement les effacer.

———

L'éducation de l'enfance, qui se compose d'élémens si divers, a sur nos ames une puissance indestructible.

———

Les habitudes, bonnes ou mauvaises, que l'homme a contractées en entrant dans le monde, se font du plus au moins toujours remarquer durant le cours de sa vie.

————

Souvent malgré lui-même, l'homme conserve certaines manières qui en décèlent hautement l'origine.

————

Les gens sans éducation ni discernement, favorisés tout-à-coup et brillamment par la fortune, deviennent pour la plupart souverainement ridicules par l'extravagance de leurs prétentions, par la froideur ou l'audace de leur ton et l'insolence de leurs manières.

————

La vraie modestie, l'honnêteté sans fard et sans fadeur, doivent nous valoir la bienveillance réfléchie de nos semblables. Si quelques-uns d'entr'eux nous la disputent alors, c'est que de viles passions les tourmentent et les maîtrisent.

————

Notre propre tranquillité est intéressée à ne pas déplaire gratuitement aux autres.

————

Il est vraîment assez pénible de se voir forcé, durant le cours de la vie, à relancer les impertinens à long bavardage; à repousser avec vigueur les insolens qui prétendent vous humilier; à démasquer les hypocrites qui vous caressent et vous déchirent; à détester les envieux, qui grincent les dents à l'ouie d'une particularité heureuse pour leur prochain; à confondre ceux dont les vues ou les menées ont votre ruine pour objet, sans se donner encore la peine de froisser les gens qui nous laissent en repos.

Si la présomption nous rend insupportables ou ridicules, la satire, en nous rendant redoutables, nous fait à la longue d'implacables ennemis.

Le goût pour la satire est toujours funeste à quiconque s'y livre sans mesure : cette disposition de l'esprit, en nous aliénant les cœurs, expose ceux qui s'y abandonnent, sur-tout dans les circonstances fâcheuses où ils peuvent se rencontrer, à des injustices sans nombre, quelquefois même à un acharnement universel; et c'est alors, que tous les moyens sont trouvés bons pour les humilier ou les perdre.

———

Les années, et sur-tout les vives leçons de l'expérience, amènent l'homme à faire avec fruit des retours fréquens sur lui-même.

———

La plupart de nos malheurs ont pour cause première quelques-unes de nos foiblesses ou de nos imprudences : une action, ou seulement une démarche inconsidérée ; un discours, ou seulement un propos irréfléchi, nous entraînent souvent dans un labyrinthe inextricable de peines et de douleurs.

———

On ne peut ramener le passé, on ne peut arrêter la marche du temps ni compter sur l'avenir ; mais possesseur du moment, il faut l'employer de manière qu'il ne puisse jeter en fuyant les remords dans les cœurs.

———

L'homme qui admet publiquement des maximes de sagesse, s'impose une grande tâche : plus observé que les autres, toutes ses actions passent en revue.

———

Il est de ces défauts, qui ne sont que l'abus d'excellentes qualités.

———

Dans le nombre des bonnes qualités, il en est toujours quelques-unes qui résultent d'autres qualités peu louables.

———

Trop souvent, les belles actions ont pour cause le besoin de satisfaire un défaut capital.

———

Il est de ces défauts, qui ne laissent pas de remporter sur d'autres défauts des avantages notoires : la vanité ou l'ostentation, ne force-t-elle pas l'avarice à faire de temps à autre des sacrifices éclatans ?....

———

Il est d'autres défauts dont la mesure réglée est toute à l'avantage du cœur : l'orgueil, par exemple, est un vice quand il porte à l'arrogance ou au dédain; mais l'orgueil est un sentiment louable et noble, quand il met l'homme au-dessus des revers, et qu'il le relève ainsi à ses propres yeux.

———

L'amour-de-soi est sans contredit le principe universel de toutes nos passions. L'amour-propre et l'orgueil, inséparables de l'amour-de-soi, sont des puissances qui agissent dans l'homme à différens degrés : suivant la manière dont elles le remuent, il est plus ou moins vertueux ou plus ou moins vicieux.

Le roman dont le héros présentera sans aucune tache un modèle de toutes les vertus réunies, produira toujours un mauvais effet dans l'esprit d'un lecteur jeune et sensible (1).

Il n'est pas dans la nature humaine, que l'homme soit admirable en toute chose, ou

---

(1) Il résulte un effet bien plus dangereux encore de ces autres romans, où le vice, montré toutefois à découvert, séduit avec force par les attraits que lui prodigue l'auteur. Aussi long-temps qu'on donnera dans les livres à l'homme pervers les agrémens de l'esprit, les charmes du bien-dire, l'habileté dans les moyens, on fera malheureusement au vice des partisans sans nombre : ces livres-là, malgré le rôle touchant qu'on peut y faire jouer à la vertu, seront éternellement une école de dépravation. Un jour, il me vint à l'esprit, pour les soumettre à mon juge-

exempt de toute espèce de défauts; et cher-
cher à le faire croire, par un tableau mis en
action, est un dessein d'autant plus inconsidéré, qu'il tend à jeter dans une erreur profonde une ame honnête et sans expérience,
qui peut alors devenir souverainement ridicule, en voulant être aussi une divinité sur
la terre, ou profondément hypocrite, s'il
prétend en soutenir le rôle. D'ailleurs, quel
est celui, qui, sans donner dans aucun excès
pour soi-même, mais cherchant chez les autres
la réalité de cette sublime et fausse idée de
perfection, pourroit se trouver heureux en ne
voyant à chaque pas et de tous côtés, que
des preuves attestant le contraire de cette
réunion de belles qualités en la même personne ?

––––––––

Pour user sagement d'indulgence avec tous
ses semblables, il faut être soi-même pro-

––––––––––––––––––––

ment, de passer tous les principaux romans en revue :
le produit de ce travail auroit été intitulé ; *le Tribunal des Romans.* Ce projet, que j'ai aussi-tôt
abandonné que conçu, demeure digne à mes yeux
de captiver l'attention d'un écrivain plus heureux
que moi.

fondément pénétré du sentiment de ses propres foiblesses.

———

Les vertus ou les vices de l'homme froid, ont un caractère qui leur est propre : les vertus ou les vices de l'homme bouillant, ont aussi un caractère qui leur est particulier; et de cette éternelle différence, il résulte l'impossibilité absolue de la réunion de toutes les bonnes ou de toutes les mauvaises qualités en la seule et même personne.

———

Il est de ces défauts si opposés les uns aux autres par leur nature, que l'existence de l'un chez un individu en exclut nécessairement l'autre.

———

On s'expose à mal juger les hommes, quand on prononce seulement d'après la conduite de quelques-uns d'entr'eux.

———

Il est dans la vie de ces exemples isolés, bons ou mauvais en eux-mêmes ou d'une manière relative, qui ne sauroient servir de règles pour tirer une conséquence générale.

———

Les personnes vives sont ordinairement sensibles ; les personnes sensibles sont naturellement aimantes ; les personnes aimantes sont toujours confiantes et même avec excès : elles commettent conséquemment des imprudences et très-souvent les plus grandes fautes. Delà, la source de tant de chagrins qu'elles éprouvent et que toutefois elles méritent si peu : il n'y a que l'expérience ou de rudes épreuves, qui puissent à la longue les porter à une réserve soutenue.

———

Les gens froids ou taciturnes, ne s'expriment qu'avec beaucoup de réserve ; ils ne parlent jamais de leurs affaires propres, que quand les circonstances leur en font une nécessité : cette défiance, réfléchie ou machinale, qui les garantit si heureusement, ne laisse pas d'être un défaut toujours près de dégénérer en vice.

———

La défiance, en donnant perpétuellement de sourdes inquiétudes, porte ceux qui s'y livrent aux soupçons injurieux, et elle leur fait souvent commettre des injustices criantes.

———

La paix de l'ame est incompatible avec une défiance inquiète et soupçonneuse.

———

La pétulance, qui suppose toujours quelques bonnes qualités, porte l'homme à des actions inconsidérées et même à des ouvertures de cœur impardonnables.

———

Malgré les inconvéniens sans nombre qui peuvent en résulter, la franchise est foncièrement une vertu. Au reste, et pour le dire en passant, nous n'en devons rigoureusement l'expression à nos semblables, qu'autant qu'ils la réclament de nous avec désintéressement et loyauté.

———

Concilier la prudence avec la franchise, est un devoir qui demande quelque talent pour s'en acquitter avec honneur : si l'on ne peut parler qu'en sacrifiant l'une à l'autre, il faut alors se résoudre au silence et qu'il soit tellement rigoureux, que rien de nous ne puisse servir à l'interpréter défavorablement.

———

Pour allier la prudence à la franchise, il faut savoir se taire et parler à propos.

———

Les vertus ont leurs limites : si vous venez à les franchir, ce qui les constitue en vous n'est plus alors qu'un défaut.

———

Le domaine de la bonté a une vaste étendue. Qu'il est doux d'en convenir et plus encore de le prouver par ses œuvres ! Cependant la bonté a ses bornes, au-delà desquelles l'imprévoyance et la foiblesse vous perdent.

———

Quand le cœur nous abuse par les charmes du sentiment, l'illusion est aussi-tôt là pour nous tendre des pièges.

———

Les règles de conduite les mieux affermies par les réflexions et l'expérience, ne résistent que difficilement à l'impétuosité soudaine des passions : l'homme d'un tempérament volcanique, dont le cœur est sensible et l'imagination ardente, a bien plus de peine à remplir certains devoirs, que ceux dont la nature est moins bouillante ou moins active.

———

Cette vie est un triste présent, quand la sensibilité fait le tourment de nos jours.

———

La sensibilité qu'on éprouve et que l'on manifeste, tient à la foiblesse ou au sentiment.

———

La sensibilité qui tient à la foiblesse, augmente chez l'homme à mesure qu'il avance en âge.

———

La sensibilité qui tient au sentiment, diminue chez l'homme à mesure qu'il acquiert de l'expérience et qu'il fait des réflexions.

———

Soit que l'illusion nous abuse sur nous-mêmes, soit qu'elle nous abuse sur le compte d'autrui, nous sommes toujours sans le savoir dans le chemin qui nous éloigne de la vérité.

———

Si l'illusion jette des fleurs sur les misères de cette vie, c'est pour éblouir l'homme dans ses fausses spéculations, ou pour le distraire sur les revers qu'il éprouve; et dans l'un ou l'autre cas, il continue de marcher à l'aventure.

———

Tant que l'homme ne pourra obtenir de l'expérience et des réflexions l'avantage de résister à l'illusion (1), qui ne se présente jamais à lui que pour le séduire, il sera victime des peines qu'elle prépare sous l'apparence du plaisir et du bonheur.

———

Dans les divers plans que l'imagination forme, elle ne voit que félicité et bonheur certain; mais les désirs qu'elle ne cesse de mettre en jeu, tiennent perpétuellement l'homme dans le vague de l'espérance : il vit dans l'avenir sans être avec soi-même nulle part. Ainsi ; d'illusion en illusion, nos jours se passent jusqu'au moment où toutes les folies perdent leurs droits sur nos personnes.

———

Privé d'un sens droit, d'un jugement solide, l'homme sur cette terre est comme un vaisseau sans boussole au milieu des vastes mers.

———

(1) Ce seroit assurément pour l'homme le plus haut degré de la philosophie, que celui d'où il pourroit voir constamment toutes choses sous leur véritable point de vue.

Quel fond de sagesse ne faut-il pas avoir en partage, au milieu des tribulations de la vie, pour se rappeler efficacement que le bonheur le plus pur est en nous-mêmes !

Ce que l'on désire avec une sorte d'ardeur, est un bien que l'on croit ne pouvoir jamais trop payer ; ce que l'on possède machinalement ou sans obstacle, ne conserve pas long-temps à nos yeux les attraits de la jouissance ; et ce que l'on a perdu inopinément et irrévocablement, on l'estime presque toujours au-dessus de la valeur qu'il avoit en effet.

Les longs chagrins produisent deux effets opposés l'un à l'autre : suivant la trempe des ames, ils abattent ou ils élèvent l'homme.

Quand l'adversité ne peut abattre l'homme qu'elle enveloppe, elle donne à son ame un nouveau degré d'élévation.

Il est des hommes qui frémissent comme des enfans à l'idée seule du danger. Mais ce danger devient-il extrême et inévitable même, alors ils se roidissent pour le braver héroïquement et prouver qu'ils n'ont jamais plus de courage, que quand les périls sont visiblement sous leurs pas.

———

Les maux qu'on prévoit de loin, et auxquels l'imagination donne une grande étendue, peuvent détruire à la longue le courage le plus éprouvé.

———

Il est bien à plaindre, celui qui n'entrevoit la fin de ses peines présentes que pour en découvrir au-delà de nouvelles.

———

Il est bien malheureux, celui qui au lieu de trouver une issue à ses peines, ne rencontre au contraire qu'un passage à de nouveaux tourmens.

———

C'est un malheur, que d'avoir plus de pénétration qu'il n'en faut pour aller paisiblement du berceau au trépas.

———

Heureux les pauvres d'esprit ! Que cette idée est bien réfléchie ! En effet, l'homme le plus heureux, le plus assuré de l'être constamment, est celui dont la stupidité le retient toujours autour de lui-même.

———

Il est de ces extrêmes, opposés entr'eux, qui tendent également au même but : le sage d'un côté, l'imbécile de l'autre, vont au terme de leur carrière sans inquiétude ni regret.

———

A l'exception d'une seule jouissance, commune à tous les êtres, le bien physique n'est autre chose que l'absence du mal ou de la peine.

———

L'absence du mal est pour l'humanité le plus réel des biens.

———

Le mal est plus universellement senti que le bien.

———

Le bonheur, pour chaque individu, est toujours relatif aux idées qu'il s'en forme.

———

Tel qui passe pour jouir de la félicité est peut-être bien éloigné de la connoître.

———

Les besoins de la plupart des hommes civilisés sont en trop grand nombre, leurs désirs trop vifs et pas assez circonscrits, pour qu'ils puissent réellement jouir du bonheur après lequel ils courent.

———

Le succès d'une première entreprise excite le courage pour en faire de nouvelles ; mais si l'on ne sait borner ses prétentions et modérer ses désirs, où trouvera-t'on la véritable jouissance ?

———

Moins l'on a de besoins, plus on est riche ou moins l'on est pauvre.

———

On est riche et vraîment heureux de tout ce dont on peut se passer.

———

Moins l'on trouve d'obstacles à satisfaire ses désirs, plus ils se succèdent en nous avec rapidité : l'on désire ; on obtient ce qu'on recherche, et l'on désire encore. Etat d'agitation, que des siècles d'existence ne sauroient calmer !

———

Les désirs se portent sur des objets nou-

veaux à mesure qu'on parvient à les satisfaire.

———

La vanité n'excite que trop vivement la
plupart de nos désirs.

———

La vanité, cette passion insatiable et tour-
mentante, cette mère féconde de tous les
désirs rongeurs, excite et pousse constamment l'homme à rechercher les moyens de
se mettre au niveau des autres, ou à les
surpasser en extravagance sensible; elle l'en-
traîne encore à provoquer l'admiration de
ses semblables sur les choses qu'il possède,
ou à la captiver de plus en plus, par la
variété et l'abondance des objets qu'il se procure successivement à cet effet. Enfin c'est
cette vanité, qui tient l'homme à une si grande
distance de lui-même, en le faisant sans
cesse passer d'une folie à une autre folie,
en l'éloignant même de toute jouissance complette, à mesure qu'il avance avec l'espoir
de s'y livrer.

———

De tous les désirs que la vanité inspire
avec une sorte de violence, le moins méprisable, et toutefois l'un des plus dange-

reux, est celui qui a pour objet l'amour de la gloire ou les actions d'éclat.

———

Si la vanité des nouveaux-parvenus est particulièrement révoltante , c'est qu'étrangers à leur nouvel état , ils ne savent mettre aucune dignité dans le jeu auquel cette vanité les porte : suivant eux , l'insolence doit y suppléer et même avec avantage.

———

Le luxe n'est pas dans les choses ; mais dans l'usage irréfléchi que l'on en fait.

———

Une simplicité affectée décèle toujours un assez grand fond d'orgueil : quiconque veut se faire remarquer par des moyens puérils, est un fou digne de compassion.

———

Les travers de l'homme, pour les moralistes, seront toujours une mine inépuisable et sans fond.

———

Les ajustemens, une parure recherchée, le faste des maisons, la somptuosité des tables , un cortège nombreux de domestiques, tout cela nous seroit inutile et trèssuperflu , si nous n'avions pas la folie de faire dépendre notre bonheur de ceux qui nous entourent ou nous rencontrent.

———

Commencer la journée sans inquiétude , la finir sans regret, se coucher sans avoir ni faim ni froid, c'est tout ce que l'homme peut désirer de plus raisonnable sur cette terre qu'il doit enfin abandonner.

———

Le bonheur le plus désirable, consisteroit dans une disposition d'esprit tellement heureuse, que l'homme pût à chaque changement de circonstance en tirer le meilleur et le plus sage parti.

———

La première victoire que la raison remporte sur nos foiblesses, si elle est bien sentie, est un garant pour la suite, par la satisfaction qu'elle procure alors, que nous en remporterons d'autres avec le même avantage.

———

Les jouissances momentanées, qu'on se procure en oubliant ce que l'on se doit à soi-même, ne laissent après elles que honte et regret.

———

Quoique les moyens honnêtes ne mènent pas toujours promptement au but que l'on se propose, comme peuvent le faire les expédiens ténébreux, ils sont néanmoins trop essentiels au bonheur que nous recherchons, pour ne pas se pénétrer en leur faveur de cette consolante vérité, qu'avec de la patience et de la persévérance, l'on finit ordinairement par recueillir quelques fruits de ses bonnes dispositions ou de ses louables desseins.

Avec de la vertu, les revers ou les évènemens fâcheux sont toujours supportables.

Il a une ame élevée, celui qui avoue hautement les bonnes qualités que son ennemi peut avoir en partage.

Il faut avoir l'ame bien dure, pour juger les autres, qui ne sont qu'égarés, comme si réellement ils étoient pervertis à jamais. Ah! ce ne sera point en les humiliant à leurs propres yeux, que vous leur donnerez le courage de faire des efforts pour rappeler à eux l'estime de leurs semblables !

T

Trop souvent, c'est par orgueil ou jalousie que l'on clabaude avec tant d'aigreur contre son prochain.

———

Le récit d'un fait, dégagé des circonstances qui l'ont amené ou déterminé, le dénature par cela seul et du plus au moins.

———

On ne devroit parler des personnes absentes, que dans les termes qu'on employeroit si elles étoient à portée de les entendre.

———

La vie de bien des gens n'est remarquable, que par les étourderies qu'ils font et les sottises qu'ils débitent.

———

Ceux qui prodiguent en compagnie l'esprit qu'ils peuvent avoir, et qui en étourdissent à-tout-propos leurs alentours, sont des personnages bêtement spirituels.

———

La finesse du tact caractérise bien mieux l'esprit que le plus brillant jargon : les femmes, quoique pour la plupart très-rabâcheuses, ont communément à cet égard une grande supériorité sur les hommes

———

La curiosité prouve toujours la petitesse de l'ame qu'elle agite : cette vérité, qui est de rigueur, une fois bien connue, intéresseroit l'amour-propre de bien des gens à les corriger d'un défaut si odieux.

———

On ne doit jamais entrer inconsidérément dans le détail des affaires d'autrui.

———

C'est par la discrétion, le zèle et le dévouement, que nous devons répondre à la confiance de nos amis, qui ne nous en donnent jamais des preuves, qu'avec l'espoir au moins que nous n'en n'abuserons point.

———

Le premier devoir de l'amitié, est de ménager constamment la délicatesse de ses amis : il faut même en avoir l'amour-propre.

———

L'estime qui est due et que l'on manifeste à nos amis, ainsi qu'aux personnes auxquelles nous prenons un vif intérêt, rend plus sensibles encore les délices du sentiment que nous leur portons d'ailleurs avec une sorte de gloire.

———

Les qualités du cœur sont bien plus recommandables que tous les agrémens de l'esprit.

————

Quand on écrit à ceux qu'on aime , le cœur s'épanche et les prétentions s'évanouissent.

————

Les lettres que nous recevons et qui nous sont agréables , ont ordinairement un grand défaut : la fin est trop près du commencement.

————

L'amitié que l'on nous accorde , est un don plein de charmes quand nous avons eu le vif désir d'en être l'objet.

————

L'estime que l'on nous témoigne et que nous méritons , n'est qu'une dette dont on s'acquitte envers nous.

————

C'est la réciprocité des sentimens affectueux qui en assure la durée.

————

Que le cœur se dilate , que le cœur est à

son aise, quand il s'épanche dans le sein d'un véritable ami !

———

L'amitié, par la puissance qui est en elle, ranime au besoin nos forces pour supporter le poids accablant des chagrins.

———

Celui qui dit : *il n'est point d'ami*, est une bête dans toute la force du terme, ou il est profondément pervers.

———

Quiconque est incapable d'être ému par l'amitié, n'est point fait pour raisonner sur la nature de ce sentiment.

———

Celui qui doute de l'amitié des autres, est excusable quand il n'a rencontré que des trompeurs.

———

Sans doute, la triste expérience que nous faisons des hommes, réduit journellement en nous la haute idée que nous en avions conçue. O qu'il est cruel d'ailleurs, d'être contraint à revenir en jugement sur le compte de ceux qui nous ont tenus pendant long-temps sous le charme !

———

Que de gens à bras ouverts et à cœur fermé !

———

Le commerce des bons procédés, est une source de félicité pour ceux qui vivent ou correspondent ensemble.

———

Ce sont les manières qui caractérisent particulièrement les procédés : aucune nuance des procédés divers, ne sauroit échapper à un esprit pénétrant et judicieux.

———

Par des propos obligeans, on peut effacer du souvenir les traces de certains propos désagréables. Mais les mauvais procédés, mûrement réfléchis, feront toujours sur les ames une impression aussi profonde que douloureuse.

———

S'il est d'un lâche de flatter ouvertement l'amour-propre des autres, il est d'une ame honnête de savoir le ménager : on le flatte par les propos; on le ménage par les manières.

———

Entre la louange qui flétrit, quand on ne s'en défie pas, et la froideur du dédain, qui outrage quand on est trop sensible , il est certains procédés dont la puissance fait sur nous un effet salutaire.

———

Quand on a de l'ame , toujours l'on répugnera à rechercher indiscrètement auprès des autres aucune espèce de faveur.

———

C'est un acte d'une fierté bien entendue , que de rejeter une proposition avantageuse qui n'est accompagnée que de procédés peu délicats.

———

Un homme raisonnable n'ignore point, que la bonté de la plupart des procédés consiste seulement à ce qu'ils ne soient pas mauvais.

———

C'est manquer à la bienséance , que de manifester inconsidérément la joie qu'on peut éprouver d'un évènement qui n'intéresse absolument que soi-même : l'on s'expose d'ailleurs aux traits de l'envie , ou à la honte de faire rire à ses dépens.

———

L'honnêteté exprimée toujours loyalement, les bons procédés rendus sensibles par une

T 4

grande droiture de cœur, doivent suffire pour rendre supportables les défauts que d'ailleurs on peut avoir.

———

La bonté et la douceur, exprimées de bonne foi, touchent plus sensiblement certains caractères, que les menaces et les durs procédés ne pourroient les ébranler.

———

Il est des gens qui ont l'esprit singulièrement de travers : témoignez-leur de la reconnoissance, à la suite de quelques procédés accidentels qu'ils auront eus à votre égard ; aussi-tôt ils s'en font un titre pour réclamer contre vous à la première occasion.

———

Les ingrats ne sont connus que des bienfaiteurs à prétentions.

———

Les bienfaiteurs de cette sorte, me rappellent une scène assez étrange, qui se passa sous mes yeux dans une petite ville de province, où durant mes voyages j'ai séjourné deux jours. Si j'en place ici le récit, c'est que l'occasion m'y autorise.

Sous les croisées de l'appartement que j'oc-

cupois, plusieurs hommes du quartier se ras-
semblèrent pour discourir sur les nouvelles
du temps : le sujet en fut bientôt épuisé. Mais
l'un d'eux ayant porté les autres à fixer leur
attention sur le long chapitre de la bienfaisance, il les entretint avec chaleur de toutes
les jouissances que l'on éprouvoit, en faisant
avec largesse des aumônes non-interrompues.
Oui, messieurs, s'écria-t'il ; il n'est rien de
si délicieux, que de répandre à pleines mains
et sans jamais se lasser ! Si toujours j'ai
désiré d'avoir une fortune considérable ; si je
désire encore que les circonstances, que l'on
ne peut prévoir, me rendent un jour possesseur de quelques millions, ah! croyez que
c'est seulement en vue de procurer aux
maisons pauvres de notre canton l'aisance et
le bonheur !

Quoique je fusse toute oreille à l'ouïe de
ce propos édifiant (1), je ne laissai pas de
m'appercevoir, par certains mouvemens d'é-
paule et de tête, que la plupart des audi-

---

(1) Celui qui le tenoit m'auroit plus édifié encore, s'il avoit exprimé le désir de voir les autres
posséder eux-mêmes les moyens de se soutenir.

teurs étoient loin d'y ajouter une confiance entière ; et au moment où j'étois le plus attentif à entendre et à observer , une mère de famille , couverte de lambeaux et mendiant son pain , ayant un enfant à ses bras et deux ou trois autres à sa suite , se présente pour implorer la compassion de ce cercle d'hommes si onctueusement amené à la bien recevoir. Toutefois , l'un d'eux l'écarte ; un autre la repousse ; un troisième lui dit très-sèchement , qu'il n'a rien à donner ; et notre orateur , impatienté de l'espèce d'agitation qu'occasionnoient ces petits actes de dureté , auxquels il n'avoit pas fait attention , furieux même de voir que le silence qu'on avoit observé jusqu'alors autour de lui n'étoit plus soutenu , demanda en élevant hautement la voix : *Qu'est-ce donc ; que veut dire tout cela ?* Hélas ! lui dit un bonhomme placé à ses côtés, c'est cette femme, que vous voyez , qui nous demande l'aumône sans trop s'appercevoir qu'elle peut vous interrompre. *Peste soit des indiscrets ,* repartit-il avec violence ; et au-lieu de donner à cette pauvre créature un léger à-compte sur les millions après lesquels il soupiroit, pour soulager la veuve et l'orphelin, il lui dit au contraire, et d'un ton très-brutal : *Retire-toi, misérable ; et sur-tout, garde-toi de venir une autre fois nous distraire au milieu de nos sérieux entretiens !* La mère de famille s'éloigna aussi-tôt, avec cette humilité qui rend la misère si touchante ; les voisins, sans même se saluer, se séparèrent machinalement les uns des autres ; et le discoureur, d'un pas précipité et en s'essuyant le front, retourna chez lui pour réfléchir, tout à son aise, sur les circonstances qui pouvoient le plus vîte mettre à sa disposition les millions dont il avoit besoin, pour se constituer dignement le bienfaiteur suprême du Canton.

Ce sont les prétendus bienfaiteurs, qui font tant de prétendus ingrats.

On peut rougir d'un acte de générosité reçu, quand celui de qui on le tient le fait sentir, ou quand il le rappelle par la crainte qu'on n'en perde le souvenir.

Il n'est pas dans la nature de l'homme

d'oublier ce qu'on a fait pour lui, quand il reste seul à en conserver la mémoire.

———

Un service rendu est autre chose qu'un simple bienfait, ou un acte de pure générosité : celui de qui on le tient, dégagé de tout motif suspect, a des droits aussi réels sur nos cœurs que sur nos personnes.

———

Faire des offres de service avec l'intention d'en éluder l'effet, quand l'indiscrétion ou l'importunité ne vous y a pas en quelque sorte contraint, est un acte d'une hypocrisie dégoûtante et d'autant plus odieux, qu'il en impose au premier abord par un certain caractère de bienfaisance.

———

Si, dans la vie, il est de ces positions qui excusent l'homme quand il agit différemment qu'il ne pense, il en est peu qui puissent le dispenser d'agir autrement qu'il ne parle.

———

Il est digne d'éloge, l'homme-public qui concourt en apparence, dès qu'il lui est impossible de faire mieux, à une entreprise criminelle, forcée par le nombre, dont il espère empêcher adroitement l'effet, au moyen de l'influence qu'il peut avoir sur ceux qui le croient alors si bien des leurs (1).

La justice est un acte, qui résulte d'une loi ou d'une convention obligatoire à chacun: l'équité est un acte, que recommande la conscience au défaut d'une loi ou d'une convention positive.

Quand il y a contradiction formelle entre deux déclarations, faites par la même main et sur le même sujet, il est de l'équité de s'en tenir à la plus favorable lorsqu'elle est antérieure à l'autre.

---

(1) Un évènement connu a donné lieu à cette réflexion : j'en avois fait le sujet d'une longue note ; mais j'ai fini par jeter la feuille au feu. Néanmoins je dirai, que le Magistrat dont il est ici question, n'a point été apprécié par ceux même qui avoient le plus grand intérêt à ne pas se tromper sur son compte : la manière dont les écrivains de tous les partis ont parlé jusqu'à ce jour de cet homme vraiment remarquable, en avançant des opinions pour des preuves, me prouve au-surplus que je vois tout différemment que les autres.

Les personnes à qui rien ne coûte pour satisfaire de puériles fantaisies, devroient bien ne pas y regarder de si près quand il s'agit de la peine des pauvres gens.

Soyez avares lorsqu'il s'agit de vous-mêmes; mais soyez honnêtes et que vos mains soient libérales quand il est question d'autrui.

La prodigalité quand il s'agit de soi, et l'avarice quand il est question des autres, auront toujours un je ne sais quoi de révoltant pour toute ame magnanime et fière.

A une table, où les vins divers pétillent et où les mets embaument, l'homme gourmet et gourmand est aussi joyeux qu'il est bourru par-tout ailleurs.

La médisance, dont l'origine remonte à la création, et dont le règne ne finira qu'avec les siècles, produit et le bien et le mal : la crainte raisonnée qu'elle inspire, en est la fleur salutaire; la calomnie, que trop souvent elle occasionne, en est le détestable fruit.

L'innocence ne récuse aucun juge. Cette opinion (1) est celle d'un sot. Quel est l'homme, je le demande, qui ne déclineroit pas, quand il en a le pouvoir, un tribunal composé de brigands acharnés à sa ruine ?

Homme, ne t'expose point à la furie des vents sans un louable motif; mais une fois en butte aux orages et aux tempêtes, brave-les avec courage pour triompher avec gloire ou pour périr avec honneur !

Heureux l'homme innocent et accusé, qui a pu confondre ses ennemis et dissiper ainsi le venin dont ils le couvrirent !

Il faut fuir les méchans; mais quand on ne peut les éviter, il ne faut ni les provoquer ni les craindre.

« *Un enfant vous insulte ;* pardonnez-lui. *Un fou vous poursuit ;* détournez-vous.

---

(1) Cette opinion a été répandue par plusieurs journaux.

La multitude vous menace ; évitez-la. Mais quand celui qui vous outrage n'est pas un enfant, quand il n'est ni fou ni partie collective, alors châtiez-le ; et quant à la manière de le faire, les circonstances vous l'indiqueront assez. »

———

Quand un diable, à vos trousses, ne se lasse point de vous tourmenter ; retournez-vous précipitamment pour l'accabler sans miséricorde : la force est toujours du côté de la justice (1) !

———

Ce sont les méchancetés des hommes qui rendent l'homme méchant (2).

———

Quand l'homme demeure à lui-même, *il est bon ;* mais quand il est aigri ou cruellement

———

(1) Cette idée ne peut, du reste s'étendre guère au-delà de ce qui la précède.

(2) Ce mot, *méchant*, est le sujet de quelques réflexions exposées à l'article de *M. de Télisvar au Jardin des Tuileries*, que je compte publier un jour avec la suite des Soirées d'un Solitaire.

provoqué par les autres, il cesse de l'être et alors il est près de se livrer à quelques excès.

————

Quoique l'homme n'ait pas toujours à sa disposition les moyens de faire le bien, il a du moins la liberté de ne pas faire le mal en connoissance de cause.

————

L'inimitié est toujours habile à tirer parti de tout.

————

Qu'ils sont petits et lâches, ces hommes pleins d'envie et toujours agités par des dispositions haineuses ! Dans leur sombre dépit, leur regard louche et meurtrier décèle avec évidence, que le ferment de la calomnie est en eux avec le besoin de la répandre sur l'innocence même.

————

Jamais, non jamais, l'écume infecte de l'envie ne pourra effacer ce qui est bon en soi.

————

L'envie, ce vice infernal, cette passion si basse, si sombre et si odieuse, a cependant une sorte d'ingénuité, qui la découvre malgré tous les services que peut lui rendre l'officieuse hypocrisie.

Qu'on observe un homme dominé par

V

l'envie, cherchant à attenter, d'abord avec des *mais* et des *si* perfides, à la réputation de ceux qui lui font innocemment ombrage. Au travers des moyens qu'il emploie, pour se soustraire à la honte d'être confondu sur le fait, on verra que son maintien est équivoque ; que son col s'allonge à mesure que la respiration lui manque ; que son œil évite, d'une manière effrayante, le regard fixe des autres ; que ses lèvres, pressant une salive impure, sifflent les mots au-lieu d'en faciliter l'expression ; enfin l'on verra........ Certes, ce ne sera pas d'après mes indications ; car je m'arrête. Hélas ! un tel homme est trop vil à mes yeux, pour que j'aille encore le découvrir jusques aux moelles. Sans doute, le fiel qu'il distile est bien noir pour quiconque en est couvert ; mais quoiqu'il fasse le mal pour le seul plaisir de le commettre, il n'en est pas moins un éternel objet de dégoût...... peut-être de compassion.

Il est certains censeurs, peut-être tourmentés par la jalousie, qui ne sont redoutables que parce que l'on est assez sot pour les craindre. Eux-mêmes, ils ont des défauts et ils commettent des fautes, qu'il ne faudroit que relever publiquement pour leur faire sentir le besoin de l'indulgence.

———

Un vrai savant, un grand capitaine, un habile artiste, tous les hommes enfin d'un mérite et d'un talent distingués, vous édifient par leur modestie et ils vous encouragent encore par leur indulgence.

———

Un homme de beaucoup d'esprit vous enchante par cette supériorité qui le distingue et dont il n'abuse point.

———

Un bavard, il vous étourdit; un sot, il vous fatigue; un pédant, il vous ennuie. Un pédant!........ Il vous assomme encore avec son air bêtement scientifique; il vous dégoûte de ce qu'il prétend savoir, par ses observations lentes, fastidieuses et purement grammaticales.

———

S'il est bon de relever de temps à autre les travers de l'homme, avec l'espoir de l'en garantir quand il est jeune encore, il est très-peu convenable d'en plaisanter pour le seul plaisir de faire rire. D'ailleurs, si l'on se voyoit aussi bien qu'on voit les autres, la vie entière ne sauroit peut-être suffire pour rougir de ses propres foiblesses.

———

Quand on pense au besoin que chacun a de l'indulgence d'autrui, on finit par se pénétrer de cette maxime recommandable : Plaignons les foux, supportons les sots (1) et tâchons d'imiter les sages.

———

Les gens désagréables, sottement orgueilleux, ne laissent pas toutefois d'être bons à quelque chose : leurs défauts, très-prononcés, en nous frappant sans cesse, avertissent que l'on doit se tenir soi-même sur ses gardes.

———

Si les ridicules de la société amusent et font rire quelquefois le philosophe, les misères de l'humanité et la perversité des hommes l'affligent et font souvent couler ses larmes.

———

La prospérité des uns (je ne dis pas la félicité), se compose souvent du malheur des autres.

———

(1) Il faut cependant convenir, qu'il est de ces personnages bien pénibles à supporter.

Quand on ne veut pas qu'un acte produise un mauvais effet, il faut avoir la prudence de s'opposer d'abord aux moyens qui peuvent en favoriser l'exécution.

Défendre aux hommes de se battre en duel, et leur permettre en même temps d'en apprendre la manière, est une contradiction dans laquelle les gouvernemens n'ont pas craint de tomber. Qu'ils proscrivent l'art de l'escrime, et ils auront fait plus contre le duel que la philosophie et les lois.

Cependant, comme la proscription de cet art n'ôteroit ni à la fureur ni à la fausse gloire tous les moyens de se satisfaire, il faut encore donner au préjugé dominant, qui couvre de honte le lâche résistant au plaisir d'égorger ou à la nécessité d'être égorgé lui-même, une direction nouvelle et tellement utile, que l'humanité et ce que l'on nomme *honneur* puissent y trouver également leur compte. En conséquence ne conviendroit-il pas d'arrêter : 1°. que le vaincu, considéré comme ayant accepté le combat avec le doute du succès, recevra, proportionnellement à la gravité de ses blessures, un témoignage public d'admiration pour cette preuve de courage qu'il aura donnée ; que dans le cas où il seroit resté mort sur le champ de bataille, son corps sera solemnellement déposé dans un lieu attestant la gloire dont il aura été couvert ; 2°. que le vainqueur, considéré comme ayant abusé de sa force ou de son habileté, dont il devoit avoir le sentiment, sera poursuivi comme un meurtrier auquel on ne doit aucune miséricorde ; 3°. que si les coups portés de part et d'autre ont été funestes aux deux combattans, le plus grièvement blessé sera relevé de toute poursuite ou action juridique ; tandis que l'autre sera contraint de se rendre en prison pour subir une peine correctionnelle ?

De cette disposition, ou de toute autre établie dans le même esprit, pourvu que l'exécution en fût de rigueur, il en résulteroit, et nous osons le croire, que l'honneur dont il s'agit, désormais réglé et non-contrarié par des lois bizarres, ne seroit pas si jaloux de se signaler aux dépens de l'humanité et du repos des familles : les sermons, les lois, contraires à des préjugés auxquels les hommes tiennent par certaines idées de gloire, seront toujours tournés en ridicule et éludés avec autant d'audace que d'avantage.

Quel vaste champ de découvertes n'offri-
roit pas l'étude approfondie des préjugés !

———

L'espoir de réussir dans un dessein que l'on
a conçu, est aussi nécessaire à son exécution
que le sentiment de nos forces lorsqu'il s'agit
de les développer.

———

Comme rien n'est plus nuisible à la parole
que la crainte de mal s'exprimer, de même
la crainte prolongée de mal réussir nuit aux
moyens que l'on emploie pour faire ce qu'on
se propose. Certainement, il faut se défier
avec sagesse de la nature de ses moyens ;
mais il ne faut pas se laisser aller jusqu'au
point de n'en rien espérer du tout. Les hommes, qui ont donné de leur supériorité une
infinité de preuves éclatantes, étoient-ils d'ailleurs autre chose que des hommes ?.....

———

Les ouvrages abstraits ne sont à la portée
que des penseurs. Voulez-vous les rendre
en quelque sorte accessibles à toutes les têtes,
aux esprits même les plus légers ?.... Ré-

pandez-y çà et là quelques couleurs roman-
tiques.

———

On s'expose à devenir diffus, quand on
cherche par beaucoup de corollaires à prouver la justesse de ses raisonnemens.

———

Souvent un écolier, par les difficultés sans
nombre qu'il a eues à vaincre, est en état
de faire des observations à ses maîtres.

———

Pour traiter les matières abstraites avec
une sorte de clarté, il ne faut point briser
son sujet par des parenthèses, ni arrêter le
développement d'une idée par de longues
phrases-incidentes ; et de crainte qu'une cas-
cade ou une suite de pronoms ne fatigue l'attention du lecteur, il ne faut pas se faire un
scrupule de répéter de temps à autre le même
substantif.

———

Plus on écrit, plus l'on sent combien est
difficile l'art séduisant d'écrire (1).

———

(1) Il est dans les ouvrages de ces défauts, qui
ne deviennent sensibles aux écrivains, qu'à mesure
que les feuilles, à la sortie des presses, se présen-

(3l3)

Plus vous apprendrez dans les livres,
moins vous serez capables de produire par
vous-mêmes : la tête, une fois remplie des
idées d'autrui, ne développe guère que des
réminiscences. Cela , si nous ne nous abusons
point , peut servir à expliquer la raison de
cette différence que l'on remarque entre les
anciens et le plus grand nombre des modernes : les immenses ressources que la lit-
térature a présentées à ceux-ci , n'ont-elles
pas été du plus au moins nuisiblés à la fécon-
dité de leur propre génie ?.....

Les sciences ont des règles : les talens ,
en les faisant observer, empêchent que l'on
ne s'en écarte ; mais le génie , toujours hardi
et indépendant , se soustrait facilement à
la rigueur des règles. Toutefois c'est le
génie qui conçoit, qui enfante ; et d'après
les œuvres qu'il produit, les sciences donnent
les lois et les talens en étendent l'empire :
ainsi , c'est au génie , à ses écarts , à ses

---

tent à eux dégagées des principales fautes de typo-
graphie.

Note faite à l'Imprimerie.

caprices , qu'on doit les sciences qui prononcent et les talens qui enseignent avec fruit.

————

Il est des hommes , qui n'ont été portés à la méditation que par la puissance de l'infortune. Quand ils viennent à en publier les résultats , l'on auroit tort de croire , qu'ils veuillent comme des spadassins-littéraires faire assaut de réputation avec les Auteurs : ils sont trop pleins du sentiment ou du souvenir de leurs peines , pour être dans aucun temps susceptibles d'une telle prétention.

————

L'indépendance et la retraite sont un bien inappréciable , pour un homme ulcéré par les chagrins , fatigué des affaires et réfléchi par habitude.

————

Le sentiment est bien amer , quand il nous porte à un genre de bonheur auquel nous ne pouvons réellement prétendre.

————

Pourquoi l'homme de bien , souffrant sur cette terre , redoute-il la mort quand elle vient lui offrir les douceurs du repos? Hélas! tenant ici-bas par quelques liens-puissans , par ces affections de l'ame qui nous attachent aux nôtres , il y trouve certains attraits que rend plus sensibles encore l'espoir d'une amélioration à son sort !

———

Les peines de cette vie sont si réelles et si abondantes, les plaisirs sont si rares et si passagers, que les pères et mères, s'ils vouloient sérieusement y réfléchir, trouveroient des motifs de consolation quand la mort enlève leurs enfans encore en bas âge. La mort !.... Elle est d'ailleurs si paisible !....

———

Que faisons-nous sur cette terre depuis l'instant de notre apparition à la lumière ? En d'autres termes quelqu'un a dit : chaque jour nous employons vingt-quatre heures à nous acheminer vers la mort.

———

Que. voyons-nous, sur le théâtre de ce monde, qui ne soit un sujet de douleur et de murmure ? Le vice, poursuivant la vertu ; le foible, succombant sous le fort ; l'innocence, sous le stilet de la calomnie ; la justice, une affaire de spéculation plutôt que de sentiment ; la scrupuleuse délicatesse, exposant l'homme à la misère ; la soupçon l'intrigue, l'audace, le menant à grands pas à la fortune ; la franchise, lui devenant nuisible par ses effets ; la fausseté, le favorisau par la puissance de ses moyens; les grands crimes demeurant impunis et triomphant alors. Ah! quel est celui, au milieu de cette distribution d'éternelles iniquités, qui ne maudiroit pas l'instant où l'espèce humaine fut animée d'un souffle de vie? Cependant, ces affreux résultats varient par fois d'une manière consolante; et c'est dans ces momens heureux, qu'il est doux de reconnoître l'Auteur de toutes choses et de bénir son saint Nom.

————

Si les hommes avoient moins de besoins, la probité ne seroit pas si rare au milieu d'eux. Si le luxe n'étoit pas favorisé et soutenu, la vertu des femmes seroit beaucoup moins exposée.

————

Si les opinions favorables à l'espèce humaine, excitent la risée de quelques hommes perdus, ou la pitié de ceux qui s'annoncent pour *connoisseurs du cœur humain*, elles ne seront pas moins consolantes pour tous les gens honnêtes.

————

Quel est celui, qui ne voyant dans la nature de l'homme que ruse et scélératesse, dans la nature de la femme que corruption et perfidie , peut sans rougir se rappeler qu'il appartient à l'espèce humaine ?.....

————

Qui ne fit jamais le mal de propos délibéré , n'accusera pas les autres d'être naturellement disposés à le commettre. Sans doute , il est des hommes pervers, des femmes fragiles et méprisables même ; sans doute il y en a et en beaucoup trop grand nombre ; mais cette réflexion , aussi triste que fondée , n'inculpe que l'individu et pas du tout l'espèce .

————

Les vertus que le cœur inspire , sont plus touchantes, plus faciles à pratiquer , que les préceptes d'une philosophie relâchée ou trop austère.

————

Sans dépravation ou aveuglement, l'homme ne sauroit trouver des consolations à ses malheurs ou à ses peines, dans ce sentiment qui résulteroit de la comparaison faite à son avantage de son état à celui de son prochain.

————

Pope a dit : *tout est bien !* Sans doute , et à tous égards , Pope s'est étrangement trompé. Mais pour adoucir autant qu'il est possible les longs et amers chagrins, nous dirons : *tout pourroit être plus mal !*

————

Quoique cette proposition paroisse au premier abord un autre paradoxe, elle est démontrée vraie par les évènemens même les plus fâcheux ; car tout atteste qu'il n'est aucun malheur, qui ne pût être plus grand, plus cruel, et augmenter encore jusqu'à l'infini (1). *Ayons seulement recours à un exemple.*

Un homme, dans les tourmens les plus affreux ; expire au bout d'un terme quelconque. Cet homme n'est-il pas en effet moins malheureux que si ce terme avoit été plus long ?..... Dans tous les cas possibles, cette manière de raisonner relativement à soi-même (2), est bien plus honorable à l'humanité, que ce dur propos dont on vous étourdit sans cesse : *Consolez-vous ; il y en a de plus malheureux sur la terre.* Quelle horreur ! Jamais je n'ai entendu proférer ces mots, que je n'aye été saisi d'effroi. *Il en est de plus malheureux que nous ?....* Eh !

---

(1) Il n'est aucun cas, et je le crois fermement, qui pût me réduire à l'impossibilité de soutenir cette thèse.

(2) *Je suis malheureux ; mais je pourrois l'être davantage.*

raison de plus pour être affligé ! Quel est l'infortuné, l'homme honnête, qui ne trouveroit pas au contraire des consolations à pouvoir se dire à lui-même et avec assurance : *Tous tes semblables sont heureux ! Tu souffres : il est vrai...... Mais tu es le seul à souffrir !*

A V I S.

Les articles des Soirées d'un Solitaire, que je compte publier par la suite, sont au nombre de trente-six : il en est quelques-uns d'assez considérables par leur étendue. Voici la note de ceux que je puis annoncer sans commentaire préalable ;

Essai sur les gouvernemens (*c'est à ce chapitre qu'appartient l'épigraphe mise en tête de ce volume*).

M. de Télisvar au jardin des Tuileries.

Les fruits de mes promenades au Parc de St. Cloud.

Réflexions sur M. Necker.

Réflexions sur le C. Gorani.

Lettre à M. Dunant, ancien Procureur-Général et Conseiller d'Etat de la république de Genève.

Lettre à M. Isaac le Royer d'Ohna, ancien membre du Gouvernement de Genève.

Lettre à M. le Professeur de Roches, ancien Recteur de l'Académie de Genève.

Ces lettres ont été écrites en janvier 1791 : elles ne devoient être connues de ceux même à qui elles sont adressées que par la voie de l'impression, que je croyois alors devoir être très-prochaine.

Du 17 Mars 1797. Supprimez la note placée à la page 226. Un jour je révélerai la raison, qui me force inopinément à l'Imprimerie de faire aujourd'hui cette invitation au Lecteur.

TABLE DES ARTICLES.